编委会

顾　　问　赵素萍　张广智
策　　划　王　耀　朱夏炎　李宏伟
　　　　　　王　庆　张　建　赵铁军
主　　编　王　耀
执行主编　王　庆
副 主 编　姚　毅
编　　委　（以姓氏笔画排列）
　　　　　　王　飞　王国正　田建光
　　　　　　刘国明　杨卫东　杨红星
　　　　　　杨昊昉　时运斌　吴　勇
　　　　　　吴元成　张保拴　张德伟
　　　　　　赵　钢　赵云龙　赵若昊
　　　　　　倪玉联　蔡新民

我们的价值观
我们的中国年

中共河南省委宣传部 编

河南大学出版社
·郑州·

图书在版编目（CIP）数据

我们的价值观 我们的中国年 / 中共河南省委宣传部编.
-- 郑州：河南大学出版社，2015.4（2015.11重印）
ISBN 978-7-5649-1950-4

Ⅰ.①我… Ⅱ.①中… Ⅲ.①社会主义建设-价值论-中国-文集 Ⅳ.① D616-53

中国版本图书馆 CIP 数据核字 (2015) 第 071760 号

责任编辑	陈晓林
责任校对	高金丽　陈　巧
装帧设计	王四朋　吕佳莹
版式设计	洪　波　郝义发
出版发行	河南大学出版社
	地址：郑州市郑东新区商务外环中华大厦 2401 号
	邮编：450046
	电话：0371-86059712（高等教育出版分社）
	0371-86059713（营销部）
	网址：www.hupress.com
排　版	郑州时代先锋文化传播有限公司
印　刷	河南文华印务有限公司
版　次	2015 年 4 月第 1 版
印　次	2015 年 11 月第 2 次印刷
开　本	700mm×1000mm　1/16
印　张	10
字　数	132 千字
定　价	20.00 元

（本书如有印装质量问题，请与河南大学出版社营销部联系调换）

序

赵素萍

　　一元复始，万象更新。2015年元旦、春节期间，我们在全省范围内广泛开展了"文明河南·暖暖新年"主题活动，以接地气、更鲜活的方式培育和践行社会主义核心价值观，一经推出便受到了热捧。各地、各部门积极响应，广泛开展"践行价值观 新年送春联"活动、"送温暖 献爱心"活动、志愿服务活动、"三下乡"活动和庙会、社火等丰富多彩的民俗文化活动；各媒体一齐发声，开设专题、专栏，刊播消息、言论、评论以及图片、音频、视频，引领了风尚，营造了氛围；社会公众踊跃投稿，晒亲情、晒喜庆，掀起参与热潮，新浪微博"文明河南·暖暖新年"话题阅读量高达2,332.8万人次，数以万计的稿件一度将活动组委会的邮箱挤爆。活动营造了浓浓的年味儿，在欢乐喜庆的氛围中倡导了文明新风，达到了将我们的价值观嵌入我们的节日之效果，这是活动的最大收获。

　　文化是民族的血脉和灵魂。中华文化源远流长，积淀着中华民族最深沉的精神追求，代表着中华民族独特的精神标志，为中华民族的生生不息和发展壮大提供了丰厚滋养。以春节为代表的传统节日，承载着丰富的文化内涵，这在很大程度上契合了社会主义核心价值观。伴随着经济社会的发展，生活节奏快了，生活条件好了，人们却纷纷吐槽"年味儿淡了"、"过节没有意思了"。在全球化背景下，年轻一代热衷于过圣诞节、情人节等一些洋节日，中华民族传承了几千年的传统节日遭遇前所未有的冲击。如何过好中华民族的传统节日，发掘、保护、传承民族优秀传统文化，用优秀传统文化涵养社会主义核心价值观，这是活动的初衷。

　　"一年将尽夜，万里未归人。"多少游子期盼回家过年。2015年春运客流量超过28亿人次，相当于把超过全球1/3的人口在短短40天内集体迁移，如此壮观的人口迁移，目标大都是回家过年。回家过年，饱含着浓烈的亲情、乡愁和深沉的家国情怀。因此，我们围绕"俺的回家路"、"俺爹俺娘"、"俺家的春联"、"俺家的年夜饭"、"俺的家乡美"、"俺的春节记忆"等话题，广泛开展"文明河南·暖暖新年"作品征集活动，深入挖掘春节文化中凝结的爱国、文明、和谐、友善等精神内涵，大力倡导尊老爱幼、文明出游，倡导文明过年、节俭过年、环保过年。直抵人心的话题引来了无数的关注和参与，高度契合了注重家庭、注重家教、注重家风、发扬光大中华民族传统家庭美德的要求，这是活动的一大亮点。

实践证明，社会主义核心价值观只有根植于中华民族优秀传统文化这片沃土，才能获得最广大人民的认同。以春节为代表的传统节日，作为承载传统文化的综合体系，既包含饮食、仪式、娱乐等活动，也蕴含着年深日久的文化积淀、情感生成和价值观念，还是凝聚社会群体、彰显伦理道德、提高民族自信心的重要途径，能够起到协调个人、家庭、社会、国家之间的关系，乃至起到促进社会经济发展的作用。它们不仅仅是传统，更是一种活生生的生产力。节日不仅使人们定期进行身心调整，拉动假日经济，而且能潜移默化地推动人们的文化自觉性，唤醒沉睡的集体记忆和对民族精神的认同。在全球化的语境中，在外来文化的冲击下，在人们的价值追求日趋多元化的挑战面前，办好我们的节日，让国家层面的富强、民主、文明、和谐，社会层面的自由、平等、公正、法治，个人层面的爱国、敬业、诚信、友善，在节日的文化互动体验中获得培养和彰显，这是我们的使命。

开卷有益。本书系采撷"文明河南·暖暖新年"主题活动的部分优秀作品选编而成。作者有专业新闻、文艺、理论工作者，也有普通网民；作品有新闻、理论，也有诗歌、散文；内容形式或旗帜鲜明，或迂回曲折，或大开大合，或小中见大，或淋漓尽致，或委婉含蓄，充满亲情、友情和家国情怀，图文并茂，相映成趣，值得品读。正因如此，我愿意把这本书推荐给大家。

是为序。

（作者系中共河南省委常委、宣传部长）

目 录

春节，中华民族永远的文化记忆·················1

郑州城隍庙 绝活跑不了················14
逛开封庙会 忆少年时光················16
笔墨里的年味儿·······················19
俺家的春联··························21
说说老家的花样年俗···················25
闲话枣山····························33
厨房里的"五色"灶台··················36

年俗是流动的温暖····················39

回家过年····························43
纵使千山万水，也要回家过年············48
春节，我们坚守在 T2··················56

文明是对节日的最好回馈················58

窗花红艳艳··························61

| 我们的价值观　我们的中国年

过　年·················63
印象年画················65
不仅仅是年的画·············68

用优秀传统文化涵养核心价值观·······74

谈谈咱的家乡变化············76
温暖冬天的照片·············82
用照片记录父母的点滴··········83
百岁老人见证春节变迁··········87
孤儿的新年···············89
"三只羊"过年·············92
我想让姥爷重见光明···········96
送件棉衣，您就会成为她的"天使"···100
他想拥有一台学习机··········102

让核心价值观融入社会生活·······105

唠唠我们的年味儿···········108
远去的"三色年"···········116

过年的乐子 · · · · · · · · · · · · · · · · 119
愿景与心境 · · · · · · · · · · · · · · · · 128
老 年 景 · · · · · · · · · · · · · · · · · · 133

走在国际化路途上的中国春节 · · · · · · · · · · · · 138

文明河南 暖暖新年

火火的中国年　高林 摄

春节
中华民族永远的文化记忆

夏挽群

　　春节再度来临，全世界的华人又一次迎来了我们这个古老民族的共同节日。数以亿计的全国人口大流动——春运，再次上演：千里、万里，火车、汽车、轮船、飞机，所有的中国人都行色匆匆。我们年复一年地看到成千上万人滞留在火车站的宏大景观。大家怀着一个相同的急切而温馨的期盼——

赶回家过年。"一年不赶,赶三十晚",赶回家乡,体味举家团圆、孝敬双亲的幸福,去呼吸故乡那陈年老酒般熟悉的空气的味道,去集体重温中国的永久的文化记忆和生命狂欢。

我们从中领悟到,一个经过五千年文化凝炼出来的经典节日具有何等的魅力,一个经过沧桑岁月洗礼的民族精神的纽带是何等的坚韧。这是一条河流,流淌着我们的文化血脉和文化基因,千百年来,战争、灾难、异族入侵、朝代更迭,都不能使它断流。这是一种文化的力量,是一只看不见的手——民族共同尊奉的文化传统,导演着这一幕东方才有的、内在且隽永的雄伟壮观的戏剧。

虽然我们已经告别了农耕时代,进入21世纪的现代工业文明,但有形的物质的农耕文明印迹的消失,并不能阻隔我们对无形的非物质文化遗产的追忆和温情的精神渴求。这种全民族共同拥有的文化记忆,仍然是中国人个性特征以及凝聚力、亲和力的有效载体,因为我们是从那个共同的本源中走出来的,她今天仍然是中国人文化身份的共同印记,是我们共同的精神皈依。

春节期间,邓州"编外雷锋团"艺术团在该市古城广场举行文艺演出　　王中献 摄

春节的起源

我国著名文化学者冯骥才先生说，中国最大的物质文化遗产是长城，中国最大的非物质文化遗产是春节。中国诸多典籍中也常常用"中华民族第一大节"这个论断来形容春节。世界各地各民族的年节，虽然因地域不同、种族有别而各具特色，但从历史传承、文化内涵、空间规模和持续时空等方面来考量，没有哪国哪族的"年"节能与中华民族的春节相比。

所谓第一大节，无外乎有四层含义：一是全国56个民族中，历史上有39个民族将春节定为传统大节，几乎涵盖全体国民，人数多达十几亿；二是在中华民族所有传统节日中，春节的时间最长，仪式也最隆重，从腊月初八到正月十六，共39（或38）天，几乎每天都有特定的活动和内涵，堪称"世界节日之最"；三是内容最丰富，涉及衣、食、住、行、礼仪、祭祀、信仰、文学艺术、技艺、游宴、娱乐、交际、习俗、制度、理念、精神等各个方面，行为遍及社会各个阶层和领域；四是传承沿用历史最悠久，若从三皇五帝传说算起，距今已有五千多年的历史，即使从汉武帝于公元前104年颁布《太初历》、确定正月初一为新年开始计算，也有两千一百多年。

一个传承数千年的民族节日，至今仍红红火火地活跃于世间，这在世界文明史上可谓是独一无二的奇观。它既是中华五千年文明绵延不断的佐证和写照，也昭示着这个节日具有非同凡响的文化内涵和强大的生命力及生存空间。

春节的起源一是与天文历法有关，二是与古代信仰、崇拜和祭祀有关，三是与历代劳动人民集体创造、集体传承的民俗有关。

学术界探究春节的源起，既有夏商之说，也有汉初之说。泱泱中华数千年，虽然每年都过春节，然而在不同的朝代，甚至同一朝代的不同时期，过春节的时间也有不同，这主要是所依据的历法不同的缘故。

历法是用以推算年、月、日的长度和它们之间的关系，制定时间推移顺序的法则。人们根据地球自转产生昼夜交替的现象，形成了"日"的概念；根据月亮绕地球公转产生朔望，形成了"月"的概念；根据地球绕太阳公转产生四季交替的现象，形成了"年"的概念。以回归年为单位，在一年中安排多少个整数月，在一个月中又安排多少个整数天的计算方式和怎样选取一年的起算点的方法就是"历法"。

中国是个具有数千年农耕历史的国家，历朝历代都把创建、修订、完善历法看作"推本天元，顺承阙意"的大事。在唐代以前，"王者易姓受命，必慎始终，改正朔，易服色"，以表示自己的政权与旧王朝的不同和"上承天命"的合法性。因此，不同的朝代所使用的历法也多有变化，称谓也不同。一年也称一祀、一岁。一岁之首，一元复始，新旧交替，除旧迎新，万象更新，所以要举行隆重的祭祀活动，于是便产生了春节，并成为重要的节日。

春节各种仪式的形成与古代的信仰和祭祀密不可分。春节虽起源于天文历法，但却是由于每年一度的隆重祭祀而得以巩固和传承的。对我们的祖先而言，有两件事情是最为重要的：一是祭祀，二是战争，"国之大事在祀与戎"。

一是庆祝丰收和祈求收获的祭祀活动。这一点既是"年"字的本义，又是祈祷者的愿望，是"年"节确立的最重要的意义所在，是农耕社会民众最朴素、最真挚的情感和信念。因此，庆祝丰收、祈求收获就成了一年一度最重要的祭祀活动。

二是对天地神灵的信仰。古代先民受"万物有灵"观念的影响，视大自然风雷雨电变化造成的各种灾难为冥冥中神灵的操纵，从而祈求它们的恩惠和宽恕，或赋予自己战胜灾难的智慧和力量。

三是崇祖敬祖。用"祀"字来表示年，就是远古先民崇祖敬祖信念的真实写照。古人认为"万物有灵",因此"视死如生",认为人死后灵魂犹在,仍能左右子孙的福祸,因此产生对祖先的敬畏和崇仰。

以上三点虽然不能概括古代先民创立"年"节的全部本义,却表达了他们锐意进取,期盼丰衣足食、合家欢乐、平安幸福的理想,意在"与天地合其德,与日月合其明,与四时合其序,与鬼神祖灵合其吉凶"。因此,在年终的腊月举行这种叫作"腊祭"的重大活动,积久成俗,就成为后世"春节"的滥觞。

春节高潮来临前的预演

春节的起源除了与天文历法和信仰祭祀相关外,还与广大劳动人民群众在长期的生产生活实践中集体创造、集体传承的民俗文化有关。

中国春节走过了漫长的历史,从夏代"年"节雏形的形成,到宋元明清"年"节的成熟与完善,历朝历代、祖祖辈辈,老百姓在日出而作、日落而息的日子里,逐步赋予"年"节以丰富的内涵,形成了诸多的仪式和风俗,而且愈来愈丰富和深刻。我们从这些内容广博的春节习俗中,选择几个重要的节点来谈谈,从中体味先民们当时的思想和情感。

中国的"年"节是从腊月初八拉开帷幕的。

按照中国农历,每年十二月被称为腊月,而腊月初八日又被称为"腊八节"。"腊",《说文解字》称,"腊,冬至后三戌,腊祭百神",可见"腊"本是古代的一种在冬至后第三个戌日举行的祭祀活动。"腊,猎也。谓猎取禽兽以祭先祖五祀也。"由此可知,这个节日的创立,是远古时代每年年终祭祀神灵先祖的一种习俗。各种禽兽经过一年的生长,膘肥毛美,歇冬的农人猎之用于祭祀。于是,腊八这天便成为腊月里一个重要的节日了。

腊八这个节日得以盛行,除了古老的腊祭原因以外,与后世的佛教传入也有很大关系。据史书记载,因传说释迦牟尼出家后,潜心修行,在饥饿困境中得一位牧羊女用"奶粥"搭救,这个日子换算成中国农历,也正好是腊月初八。佛门为了弘扬此事,宣称腊月初八是佛祖释迦牟尼的"成道日",佛教徒便在这一天施粥扬义,弘扬佛法,举行各种浴佛活动。因而腊八又成为佛教的"成道节"。由此,我国固有的传统节日"腊八节"的内涵和风俗活动在中外文化交流过程中得以丰富和发展。

目前关于"腊八粥"的最早记载见于宋代孟元老所著《东京梦华录》:"初八日,街巷中有僧尼三五人,作队念佛,以银铜沙罗或好盆器,坐一金铜或木佛像,浸以香水,扬枝洒浴,排门教化。诸大寺作浴佛会,并送七宝五味粥与门徒,谓之腊八粥。都人是日各家亦以果子杂料煮粥而食也。"至今,不少寺院还保留着腊八节设棚舍粥的传统。在民间,食腊八粥的主要目的还是庆祝一年来五谷丰登,祈求吉祥如意。

腊月二十三,俗称"小年",是春节高潮来临前的另外一个重要日子。传说这天是"灶王爷上天"之日,因此要祭灶神,希望他"上天言好事,回官降吉祥"。灶神,本是因为古人对火的崇拜、感念而臆想出来的神。《周礼》称,"颛顼有子曰黎,为祝融,祀以为灶神"。灶神在上古是指火神祝融氏,后来随着历史的发展,才出现了人格化的灶神,不仅有灶王爷,还有灶王爷的妻子"灶王奶奶",并具备了"上天言事"的职责。到了宋代,出现道教徒编印的《灶王府君真经》,广传民间,内容是劝人行善,并由此衍生出众多传说,把灶神形容为执掌着人间吃饭和监督人们的言论行动,负有年终上天汇报职责的"司命"之神。到《封神演义》问世后,民间又流传《封神演义》中渑池守将张奎是灶神的说法。

祭灶的主要活动就是"送灶"。所谓"送灶",就是把旧年的灶神神像取下来焚化，表示灶神已经"上天言好事"去了。送灶前要准备好祭品：用松柏、冬青等树枝扎成"送灶柴"，购买纸轿、纸马或以秸秆编制纸轿、纸马以备灶神"上天"时骑乘，而且一定要准备好丰盛供果。这些祭灶习俗，大约在宋代就已初具规模，据《东京梦华录》记载："二十四日交年，都人至夜请僧道看经，备酒糟涂抹灶门，谓之醉司命。夜于床底点灯，谓之照虚耗。"此时的祭灶习俗已与后代大体相似，所不同者，后代以黏甜食品封灶君之口，而宋代则醉之以酒糟。

祭灶的习俗表面上看是人对神的敬畏，其实是人对发明火的先贤的功德感念。人们赋予灶君"司命"的职责，通过一送一迎的神圣祭祀仪式，教育主灶之人和家人不要铺张浪费，要勤俭过日子；不办坏事，多做好事，从而达到了弘扬民族优良传统美德的目的。

春节的高峰期

春节的高峰期始终是年末岁首，即腊月三十（或二十九）及正月初一。

对于祖先的崇拜在我国由来已久，因此，每逢腊月三十，都要对祖先告祭一番。在后世众多文学作品中，对春节请祖、祭祖的风俗有很多描述，尤以小说《红楼梦》第五十三回《宁国府除夕祭宗祠，荣国府元宵开夜宴》中对贾府新年祭祖活动的描述最为详备。

关于除夕的记载，在我国历史典籍中可以说数不胜数。明代文人沈明在《除夕词》中讲道："锣鼓儿童声聒耳，傍早关门。挂起新帘子，炮仗满街惊耗鬼，松柴烧在乌盆里。写就神荼并郁垒，细马送神。多着同兴纸，分岁酒阑扶醉起，阖门一夜齐欢喜。"足见当时除夕夜庆贺场面之盛大。

年三十（或二十九）的另一个习俗是明灯旺火。所谓明灯旺火，就是指除夕这日入夜，要点上长明灯烛，给神位上香，要彻夜明亮。有的地方称作"照虚耗"，也有的地方生一盆旺火，一家人围坐旺火旁守岁；也有的地方不仅在神灵前点长明灯，还在院内的房檐下每隔不远点一盏长明灯。家中主人或子女，每隔一段时间就给灯添油拨捻儿，使院内院外、屋内屋外通宵明亮。明灯旺火，预示着来年红红火火，合家兴旺。

唐人的诗作中很多都提到这一风俗。比如，张说《岳州守岁》中的"除夜清尊满，寒庭燎火多"，丁芝《京中守岁》中的"守岁多燃烛，通宵莫掩扉"，储光羲《秦中守岁》中的"阖门守初夜，燎火到清晨"等，都反映了除夕夜"明灯旺火"已经是全国性的习俗。

再就是年夜饭，即指除夕入夜，全家人聚在一起吃的一餐晚饭，年夜饭必有饺子，又叫"年饭"、"全家欢"、"分岁饭"等，是筹备春节过程中家家户户全家欢聚、最热闹的时候。

吃完年夜饭不久，便进入守岁时段。酒足饭饱的一家人，在时光消磨中共同等待新年的到来。《东京梦华录》中所谓"围炉而坐，达旦不寐，谓之守岁"的情景就是这一古俗的记录。到了唐代，此风益盛，不仅平民百姓守岁，达官贵人也要守岁，甚至这一风俗也传到了皇宫。

农历正月初一，也就是大年初一，古称"三元日"。这个日子既是年月日三个时间开端的标志，也是"年"节最隆重、最具标志性意义的日子，各种礼仪和活动内容也最丰富，最具特色。

五更天起床后，第一项重要活动就是祭全神。所谓全神，是指家中所奉祀的各种神祇。这是"年"节中最庄严隆重的祭祀仪式，也是新的一年第一个最重要的祭祀仪式，因此极受重视，几乎要把"年"节中准备的所有最好的佳肴和祭祀用品都拿出来奉献给以天地为主的神祇和祖宗。摆好供品，家庭主妇便开始边焚烧各种金箔、银箔和祭纸，边磕头小声念念有词地作揖祷告，其内容大多为求各位神灵保佑全家在新的一年里五谷丰登、人畜两旺、无病无灾、平安健康、多财多福、事业有成等。在这一过程中，任何人不得大声说话。

噼里啪啦的鞭炮声，不仅迎来新一年的第一个黎明，也引发大人小孩的欢声笑语和乡邻亲友间的拜年活动。

古时拜年又叫"走春"、"贺岁"，是人们相互表达美好祝愿的一种仪式。古时"拜年"一词的含义有拜年和贺年之分，拜年是向长辈叩岁，贺年是平辈相互道贺。

我国春节拜年的习俗由来已久。拜年活动一般从家里开始，家长要带领全家男女老少给长辈磕头跪拜，长辈受拜以后，要将事先准备好的"压岁钱"和瓜果食品分给晚辈们。

对于拜年习俗，历代典籍记载甚多。《东京梦华录》卷六中描写北宋汴京时云："是月一日年节，开封府放关扑三日，士庶自早相互庆贺。"明中叶陆容在《菽园杂记》卷五中说："京师元旦日，上自朝官，下至庶人，往来交错道路者连日，谓之'拜年'。"有的大户人家街坊邻里亲朋太多，难以一一登门拜访，自宋代开始就出现遣仆人带名片去拜年的现象，称为"飞帖"。那时官宦大户人家家门前过年时常贴一红纸袋，上写"接福"两字，即为承放飞帖之用。

正月十五闹元宵，这是继除夕、大年初一之后的春节期间又一个节日高潮。这是一年中第一个"月圆之夜"，所以也称"元宵节"。如果说正月初一祭祖祭神是严肃庄重的节日仪式之最，那么正月十五就堪称中国人的狂欢节，内容极其丰富。

元宵节的由来可以追溯到商代。关于这个节日的形成主要有两则传说。

其一，祭祀"太一"神。据专家考证研究，认为所谓"太一"神就是商代的开国之君——商汤。他本是东方商族部落的一位首领,攻灭夏朝后建立了商王朝。商汤在位期间推行善政,减轻征敛,鼓励生产,安抚民众,停止人殉以保护劳动力,因此深受商人的爱戴,死后被尊为"太乙"或"高祖乙",并把东方(商部落发源的地方)的一颗星命名为"太乙星",虔诚祭祀。汉代每年正月的第一个辛日在甘泉宫祭祀太乙,从傍晚开始一直到天明结束,期间还要"举明灯"。后来将祭祀的日子逐渐固定在正月十五日,称为"上元节"。

其二,佛、道宗教习俗。自从东汉诞生道教以后,创立了"三元"之说,认为正月十五、七月十五、十一月十五分别是"天官"、"地官"、"人官"的生日,并分别称为"上元"、"中元"、"下元",因此正月十五要祭拜天官,以求"天官赐福"。佛教传入中国以后,称印度每年正月十五有僧俗徒众云集观看佛舍利放光雨花的习俗,于是汉明帝就下令正月十五这日在皇宫和寺院要"燃灯表佛"。此活动由宫廷传入民间,便形成正月十五观灯赏灯的盛会。

每逢正月十五,我国到处都是张灯结彩。经过正月十三的"上灯"、正月十四的"试灯",到了元宵之夜便谓之"正灯"。这一夜无论城市集镇,还是偏僻山庄,千家万户、街头巷尾一片华灯异彩、欢声笑语,把春节推向又一个高潮。

元宵是元宵节最具特色的食品。在唐代曾称为"面茧",宋代则称"圆子"、"浮圆子",而到了清代称作"元宵"。清人李调元有"风雨夜祭人散尽,孤灯又唤卖汤圆"的诗句,十分有情调。民国初年,袁世凯当政以后,认为"元宵"与"袁消"谐音,因此下令不许称"元宵",一律称"汤圆"。在元宵之夜,阖家团圆,吃着碗里的"汤圆",望着高悬的圆月,耳闻锣鼓喧嚣,眼观万家灯火,其乐融融,象征全家和睦团结。

春节民俗文化——踩街　网友供图

春节的当代价值

在传统春节的语境中，春节是感恩节，是对民族文化记忆的强化与普及，是民间艺术的大展演，是中国人的狂欢节。在漫漫的农耕时代，多个地域、多个民族都培植出自己的春节文化，每一个都是装载着厚重历史的典籍，是典型的东方民族文化的活化石，凝聚着炎黄子孙的文明历史、价值观念、生命感悟、族群标示、人文精神、宗教哲学……

即使我们今天进入了现代工业文明，但春节对于我们仍然具有教化人心、提升道德、调适群体生活乃至构建和谐社会的功能，具有传承中华优秀文化的功能，具有巩固华夏儿女文化共识的基础、培育民族精神的功能，同时还具有构建文化产业、拓展旅游经济的功能。

在当代，如果对传统春节进行理性的审视，我们会发现，它已经更多地成为一种民族文化的象征和载体。民族文化通过它传承和延续，民族记忆通过它传递和加强，民族情感通过它凝聚和维系，民族个性通过它锤炼和固化，民族精神通过它培育和弘扬，民族形象通过它壮大和张扬。春节使民族传统文化的因子通过各种渠道和形式渗透到每一个人的心灵，彰显到社会的各个角落和领域，使整个民族在一次又一次、一年又一年的中华文化的大洗礼中，牢牢记住我是一个中国人，从而增加民族的向心力和凝聚力。相反，如果失去了富含文化记忆和传承的春节，也就失去了得以加强和延续民族品性的熔炉和链条。

如今，我们这一代人赶上了一个急剧而猛烈的社会转型期，原有的农耕文明架构下的一切文化都在迅速地瓦解、消失、涣散、泯灭。

近些年来，每当春节来临，我们常听到这样一些声音："年味越来越淡了"、"找不到过年的感觉了"。究其原因，第一，我们原有的信仰消失了，随着这种信仰的淡化，春节的重要支撑——祭祀仪式瓦解了。这就使传统春节原来所具有的神圣感、神秘感与我们渐行渐远了。第二，原有的农耕时代，人们养成了克勤克俭的品质，平时节衣缩食，只有到了春节才可以尽情享受一次。而现在，平时的生活要比历史上春节时的生活丰富得多，吃穿不再具有特别的吸引力了，春节也不再以追求物质享受为目的了，所以，春节时人们的感受也不同于以往了。第三，现代化的条件下，尤其是城市化的结果，有一个明显的特征，即人与人之间的关系越来越疏离，住在同一栋楼房里，老死不相往来，已成为普遍的现象，生活在闹市，像生活在沙漠中一样寂寞，包括家族、亲戚、邻里之间的亲情也相对淡化了。而过去春节的一个重要内容是人际交往，相互到家里拜年看望，现在也被手机短信取代了。年夜饭也是进饭店，虽然是美味佳肴，但再也吃不出过年的味道了。

还有其他很多习俗也都逐步消失或是简化了，这就难怪人们会发出"年味淡了"的慨叹。

传统年节的意蕴在稀释，变得平淡，而新的"流行文化"元素又营造不出旧时过年时浓烈的民族文化氛围，所以，年味淡了，春节更多地变成了一个法定假日，并且仅仅是一个假期，这一点在城市表现得尤为突出。

正是基于这种理念，中国把正确对待传统文化，保护文化遗产，守护民族共有精神家园等列入国家文化战略，启动了非物质文化遗产抢救保护工程，确立了国家文化遗产日，把传统节日列为法定假日，并且加快文化遗产保护法的立法进程等。这一切都来自于弘扬民族传统优秀文化，树立民族文化自信心，形成传承中华文明的文化自觉的现实而紧迫的需要。

因此，我们应当保护好各个不同地域、不同传统节日的经典和精粹，留下一批中华传统节日的样板，使我们和我们的后代子孙可以永久地去探查它无穷的魅力。

我们应当重建节日文化的内涵和形式，在现代条件下，在继承的基础上，在扬弃不适合现代社会内容的前提下，尽可能多地保留传统节日的文化意蕴和历史风范，恢复必要的传统仪式，建立与传统相连接的新的仪式，逐步形成新的民俗，以丰富传统"年"节的文化内蕴。

我们应当在全国逐步建立一整套中华传统节日的保护体系，通过档案保护、传承人保护、博物馆保护、教育保护、法律保护等，进入传统节日文化的源头，将历史和记忆切实地记录下来。

我们应当大力宣传传统节日对我们民族文化的延续、民族精神的培育、文化共识的营建、文化身份的维护等方面的重要意义，使保护传统节日成为政府和全民的行动。

我们希望中华文化与中国经济一起腾飞，希望中华文化及蕴含其中的民族精神放射出无尽光华，照耀中国崛起的辉煌前程。

郑州城隍庙
绝活跑不了

王汉超

　　小相狮舞、新野猴戏、淮阳泥狗、罗山皮影……在河南郑州，春节庙会年年火，河南民间绝活从四面八方汇聚。

　　郑州最具代表性的庙会当属城隍庙，最早可以追溯到明初，距今600多年历史。民国年间，《郑县志》就有过生动描述：庙会最盛时，彩妆傀儡、莲船战马、饧笙鼗鼓、枪刀剑戟、零碎戏具，至一切耕具农器，在在成市，色色俱备。

　　由此可见河南的地域特色，农耕文化的痕迹早已成了郑州庙会的鲜明印记。豫剧，年年在庙会上都是主打，"当官不为民做主，不如回家卖红薯！"选段出自豫剧《七品芝麻官》。正月里，城隍庙古戏楼鼓乐不断，热热闹闹的《抬花轿》、《花打朝》、《巧配鸳鸯》最受欢迎。听到兴起，戏迷登台，过一把瘾。

　　猴戏，最为庙会喜闻乐见。但见艺人放下担，拽住猴子，扬起手中小扎鞭，用嘴那么一吆喝，一台精彩的猴戏就上演了。小毛猴戴上面具，穿上戏服，一切听令，爬杆、担水、骑车、犁地、走钢丝、打篮球，惟妙惟肖。据考，猴戏已有2,000多年历史，新野猴戏全国驰名，也被请入庙会，成为一档经典节目。

吹糖人　薛金山 樊进举 摄

秧歌、旱船、舞狮、斗鸡、木偶戏，绝活纷呈；剪纸、南阳烙画、淮阳泥泥狗、浚县泥咕咕，琳琅满目。相关负责人马玉鹏说："郑州城隍庙庙会希望汇聚河南民间艺术精品，用过年几天展现中原几千年的特色。民间非物质文化遗产传承人在减少，我们力求多创造机会，让今天的年轻人获得千百年传承的文化基因。"

郑州庙会一般从正月初一开到正月十六，每年都会吸引大批的市民、游客。据粗略统计，仅在小小的城隍庙，每年就有5万人在这里用逛庙会的方式欢度春节。

| 我们的价值观 我们的中国年

逛开封庙会
忆少年时光

跃峰

"一朝步入画卷,一日梦回少年。"羊年春节,到开封赶庙会,扑面而来的,是浓浓的青春气息。

少年时,爱看稀罕。今天,清明上河园内,虹桥飞渡,人流如水,稀罕的民俗随处可见。小豫剧调子婉转,大巡游锣鼓喧天。舞狮、高跷、喷火、皮影、竹马、大头舞、蹦杆轿、抬老四,一步一戏,步步惊喜。

泥生肖 薛金山 樊进举 摄

虹桥北头,摆一个车摊,上写"神嘴马大吹"。吹糖人的马谦堂,身着淡绿色古装,坐在车后,边说边吹。车边围着四五个小孩儿,眼睛瞪得溜圆。"蛇背兔、虎背猪,这位客官真有福……"说话间,他从锅里挖出一块糖泥,揉好、掐断,放在嘴边,腮帮一鼓,吹出一只下山虎;再拿一块,吹头酣睡的小猪。两只"动物"垒起来,便是虎背猪。

虹桥南头,"人圈圈"里,喷火表演挑战想象。表演者双手各拿一根铁棍，棍头包布，布头带油。油一点着，冒出一尺多长的火舌头。表演者手持汽油碗，绕场一周，请人见证，而后，马步蹲裆，喝下汽油。再抬头，将火舌头靠近肉舌头，用力吐气，瞬时飞起一条火龙。

少年时，爱听故事。今天，庙会上演包拯公平秤、岳飞抗金兵，大宋的故事说也说不完。

走到校场，里面正在演"岳飞枪挑小梁王"实景剧。场内旌旗招展，鼓声阵阵。"岳飞"一身素衣、一匹白马、一杆沥泉枪，大战"小梁王"。战将策马前驱，仰卧侧骑，看得人心惊肉跳，手心出汗。

出校场，到上善门十字口。包公设"大宋公平秤"，上量名流贤士，下称黎民百姓。包公扮演者王惠，请小姑娘称体重，边称边说："蓝莹莹的天，清凌凌的水，祖国的花朵就是美。不胖不瘦，聪慧颖秀，将来可成为博士后，体重正好75斤。"说完称完，满院喝彩。

少年时，爱玩游戏。今天，中国翰园、万岁山里，春节大庙会开场，既有北北里舞狮等百余个演出，又有花样踢毽等众多儿时游戏。

节日的中国翰园，分福、禄、寿、喜、财5个园区，分设纳福台、加禄帽、增寿桃、送喜锁、添财路。在"禄"广场，打陀螺、花样踢毽、花样跳绳轮流演出，邀游客互动参与。在"喜"广场，人体雕塑"月下老人"引人驻足。老人身着"仙衣"，鹤发童颜，手持拐杖，双脚悬空。玄机在哪儿？游客不停猜，仍是挠头。最后，工作人员揭开谜底：原来，铁拐杖连接靠背，焊接自行车座。老人坐上去，宽长的衣服盖脚，好似悬浮。

在翰园"文"游，到万岁山"武"游。一条武侠路，一把长剑为门。路口是醉拳武松、和尚鲁智深雕塑，路旁介绍梁山好汉108将，以及《侠客行》大型竹简："赵客缦胡缨，吴钩霜雪明。银鞍照白马，飒沓如流星。"过刀门，见两名壮汉，押解一辆囚车，车上写着两个字——"网奴"。若是上网成瘾的少年，行至此处，定会感到羞愧。

少年时，爱买灯笼。今夜，龙亭华灯初上。午门内，一盏巨型卡通"小灯神"头戴云帽，腰悬盘鼓，笑着迎客。从旁边走过，一条"大鱼"灯闪在眼前，它张开大嘴，把游客吸进"肚子"里。

从"鱼"肚子里出来，便到了主灯布展区——富贵吉祥灯。近看此灯，分为三组。正面灯屏上，镶嵌红梅花开、孔雀戏枝。灯屏前，文武百官簇拥宋代皇家，与民同猜灯谜。左侧"买花灯"灯组，取材清明上河街市片段，展示宋代上元灯会时，儿童相约买花灯的情形：4个"小朋友"，每人手里拿一盏灯，比赛谁的灯漂亮。右侧"卖年画"灯组，取材宋代卖朱仙镇木版年画场景：一名"儿童"身穿长服，双手持画，躬身施礼；另一名"小童"铺摆书案，制作版画，专心致志。三组灯故事不同，但异曲同工，童趣横生。

夜已深。从龙亭上船，沿御河蜿蜒向北。远望潘家湖边，天波杨府的大鼓灯、万岁山的红灯笼，与龙亭、清明上河园、中国翰园的灯展交相辉映。船在水中走，灯在水面摇。桨声灯影里，挥洒不去的，是对少年时代的深深回望。

石膏雕塑　薛金山 樊进举 摄

文明河南 暖暖新年

笔墨里的年味儿

刘先琴 张春雷 胡恩来

农历腊月廿八,太阳照得温暖如春。在河南省郸城县巴集乡张屯村曹学礼家的院子里,三三两两的村民带着成卷的红纸出出进进,格外热闹。

堂屋中间,人们正围着一个简易长桌,瞅着一位花白头发的老者提笔挥毫,书写春联。几个小"学徒"在大人们中间钻来钻去,有的趴在长桌前伸着脑袋看,年龄稍大的帮忙按拉联纸,年纪小点儿的小心翼翼地用两只小手

送文化下乡 网友供图

拖着刚写好的春联一步一步走到堂屋外面的院子里，放在地上晾晒。"开门见喜"、"五谷丰登"、"三阳开泰"等，一副副春联散发着淡淡的墨香，院子里浓浓的年味儿扑面而来。

"老曹是我们十里八村有名的'秀才'，毛笔字写得特别好，我年年都来向他讨春联，求祝福。"村民郭天民告诉记者。

今年75岁的曹学礼自幼酷爱书法，每逢春节，村民都会到他家来求写对联。叠纸、裁纸，曹学礼熟练地忙活着。"每年从腊月廿三开始，一直写到年三十儿中午，看到乡亲们把自己写的春联贴起来，心里别提多带劲儿了。"曹学礼言语中带着满满的自豪。

说话间，又一户村民的春联纸裁好了，曹学礼摆开架势，只见他身子向前微倾，右手握住毛笔在砚台上重重地蘸了几下，提起，再在砚台上来回轻抹调匀，看准红纸上的位置，一气呵成，一副洋溢着喜庆的春联就完成了。

"我已经七十多岁了，写不了几个年头了，接下来盼望能多带几个徒弟，把这个传统延续下去。"曹学礼指着身边的几位小"学徒"说，"这几个都是村里的学生，跟着我学了有几年了，他们练得都很认真，将来过年，该我向他们讨春联了。"

说到这儿，曹学礼欣慰地笑了起来。

俺家的春联

白立功

"万家门户飘彩虹,豪门茅茨皆喜庆。不是古人创新意,怎教春节酒样浓。"

相传五代后蜀之主孟昶除夕贴于卧室的"新年纳余庆,嘉节号长春",开启了我国民间张贴春联的节日传统。这一时轮旷久、最能炫酷春节喜庆的"年标",到了我们"50后"这代人身上,又绽放出瑰丽的愿景和梦想。

我家住在豫东黄河故道边上一个凸凹不平的村庄,朦胧记忆的岁月便是轰轰烈烈的"文化大革命"。那时"大破四旧"不但没有破掉春联,反而提倡书写"兴无灭资"、"斗私批修"之类的口号。穷困的村民"宁可厨房没油盐,不可门框没春联"。唯有谁家"白事"三年未尽,只好门楣容颜依旧。

那时俺家的春联又窄又短,窄的遮不住左右门边,短的到不了门框中间。然而不论大门二门、主房厨房、栅栏羊圈,门口两侧务必飘红现彩。并且主房门横要贴绿纸斗方,写着"福、春、寿、喜"大字。还要给粮仓贴上"道酉丰收",风箱贴上"小心灯火",牛棚贴上"六畜兴旺",木架车贴上"出入平安"。浓浓的年味冲淡了贫穷的忧伤。

家父和大伯读过多年私塾,毛笔字功力深厚。除夕的前几日,父亲花3分钱买张红纸,用高粱篾子代替小刀,把对联、横批、斗方割得整整齐齐。而后递来一个砚台、半截墨锭,让我磨墨。不时指点着说,磨墨要用力匀称,先重后轻;淡不洇纸,浓不阻锋。我捏紧墨锭,划圆墨台,不大一会儿便溢

我们的价值观 我们的中国年

2015年2月6日,全省"践行价值观,新年送春联"活动启动仪式在中牟县举行
河南省委讲师团供图

散出缕缕墨香。父亲让我按住纸头并随时抽动,他便点点如桃、撇撇如刀地工笔正楷。隙间说些书法技巧,如何起笔润笔、转笔收笔,如何明笔暗锋、搭配结构。父亲写的多为七字联,如"又是一年芳草绿,依然十里杏花香","一冬无雪天藏玉,三春有雨地生金","两只黄鹂鸣翠柳,一行白鹭上青天",尽显一派田园风光。

除夕这天的第一件事就是贴春联。先把旧联揭光刮净,用浓稠的白面汤代糨糊,拿炊帚把它涂抹在门框上。父亲要求粘贴时分清上联和下联,双扇门心上下要对齐,左右避免"一个跑一个撑"。除夕的早上滴水成冰,贴完春联会冻得手脚麻木，筛糠似的身子将年味儿打些折扣。然而，家乡的风俗是贴完春联要放鞭炮，我挑起一串红色炮竹，在噼噼啪啪的响声中，儿童的心像满地的炮花，在红红的春联映衬下翩翩起飞。

年复一年，我家的春联成了我写毛笔字的舞台，成了我咬文嚼字的版本，成了我吟诗作赋、进军文学的阶梯。

昔日农村的家教就是写春联、打算盘、听故事。我读小学时，父亲就把写春联的艺术传授于我。农村生产责任制让农民生活焕然一新，20世纪80年代初的春节，父亲要求我自创自写几副春联，请本村几位教书匠评判高下。我一番苦思冥想，创下三副，分别运用正楷、隶书、小草三种字体书写。

一副歌颂政策：天雨禾野润四季，春风稼穑丰五谷。横批：改革雷声。一副赞扬本村：茅屋蔽布西风去，楼宇锦绣彩云飞。横批：芝麻花开。一副称颂家风：半耕半读文武道，克勤克俭忠厚门。横批：书香谷茂。

大年初一相互拜年，几位学究端详我家春联那字那文，几多赞许，扬我名声三里五村。

欢度春节　　网友供图

我们的价值观 我们的中国年

红红火火的春联　网友供图

我家的春联，或说我写我创的春联走进多家门户。一过腊八，三三两两的乡亲们腋下夹张红纸，纷纷送到我家。我问"写点啥"。回答，"看着写"。

于是，我因人而兴，一户一意。给种粮户写"春风喜雨好政策，勤劳睿智兴科学"，给养猪户写"银豕乌驹肥大地，金碗玉匙美八仙"，给生意户写"人行千里天地宽，物流百家福寿长"。那时节，我以写春联为乐为荣，还常常"赔"上些红纸和墨汁，而村民一脸笑容，颔首抱归。

进入21世纪，如云蔽日的印刷式春联取代了千百年来手留墨香的手写和创意，但春联的情结仍在驱动我守望与拓展。

俺家的春联，是家风的传承，父亲的教诲，是我书法的启蒙，创作的起源，是我精神世界中一座苍翠的山峰。

文明河南　暖暖新年

二十三 祭灶官
二十四 扫房子
二十五 打面糊
二十六 蒸馒头
……

祭灶 扫房子 写春联
蒸年馍 赶年集 包饺子
……

春节的传统习俗
伴着轻轻的民谣
裹着浓浓的年味
生长在我们的文化根脉
融入了我们的民族血脉

骂社火　网友供图

说说老家的花样年俗

张培君　黄岱昕

话题背景

"河南历史文化厚重,民俗丰富多彩,一起来说说咱老家的趣味年俗吧!"春节前,网友"acmddg"在大河论坛(bbs.dahe.cn)发帖,引发热议。灵宝"骂社火"、确山"打铁花"、许昌"打秋千"……网友跟帖五花八门,妙趣横生。

在此,记者撷取部分网友的讲述,带您感受传统文化的魅力。让我们跟随网友的记忆,欣赏那些花样年俗,温暖我们的内心。

| 我们的价值观　我们的中国年

网友故事

灵宝民俗"骂社火"

◎大河网三门峡网友"五福临门"

三门峡灵宝市最独特的年俗当属"骂社火",现在已被批准为河南省非物质文化遗产。

"骂社火"由来已久,相传尧舜时期,人们为了纪念轩辕黄帝和嫘母的功德,每年春季都要举行祭祀活动,唱歌、跳舞祈祷吉祥。在后来的自发活动中,有了好的差的之别,差的不服气好的,挑剔好的毛病,好的也不等闲视之,这就出现了骂的成分,骂的成分越多,村社越"合"不来,社合由此演变为"骂社火"。

如今,骂的内容已变成反映民意、教育公众、扶正社会风气的利器。每年春节期间,在社火活动表演中,表演者敞开了骂,骂干部不干实事,骂村里歪风邪气,在斗骂声中,提醒大家幸福生活来之不易,应当珍惜,警示村干部应当做好人民的父母官,替人民办实事、办好事。

打铁花惊艳夜空

◎大河网驻马店网友"雨点叮咚"

打铁花可是我们驻马店确山县的特色民俗。小时候一到过年,就盼着看打铁花的日子,那惊艳夜空的美丽让人终生难忘。

打铁花要先在广场上搭个三四米高的大棚,称为"花棚"。花棚顶铺一层鲜柳树枝,树枝上绑满各种烟花、鞭炮等。"花棚"顶上竖一根长杆,称为"老杆","老杆"顶上也要绑上好多鞭炮、烟花。花棚旁边立一座熔炉,把准备好的生铁化成铁汁灌进去备用。

打铁花时,先把铁汁倒进事先准备好的"花棒"里。花棒是一根拳头粗细的长柳树棒,棒的顶端有一个直径大约3厘米的圆形坑槽,用来盛放铁汁,整个形状看着像长柄木勺。打花者一手拿着盛有铁汁的"花棒",另一手拿着空的"花棒",迅速跑至"花棚"下,用空棒猛击有铁水的棒。十几个"打花"者一人紧跟一人,在熔炉和花棚之间穿梭,棒中的铁汁冲向花棚后,遇到棚顶的柳枝立刻迸散开来,铁花又点燃棚上的鞭炮、烟花,顿时火光冲天,煞是好看。一千多度的铁水啊!看着都为他们担心,这要浇到身上可不仅是毁容的问题了。

打铁花　网友供图

大年三十贴"门钱"

◎大河网驻马店网友"天中梦"

大年三十,在我们驻马店正阳县,家家户户都要在自家的门楣上贴上一排色彩缤纷的"门钱"过大年。

红、粉、黄、绿、蓝五色一组,一碗糨糊和一把刷子,刷子蘸上糨糊,

贴春联　正阳县委宣传部供图

往门钱的背面一刷，正面拿起，一下一张，一组门钱很快就贴好了。门钱上镂刻着吉祥的图案和花纹，迎风飘舞，和春联交相辉映，甚是好看。

门钱有的地方叫门笺。上面有花、有鱼、有灯笼，每张都有一个字，五张一组，贴上就预示着来年的好兆头啊！

听老辈人说，这门钱和爆竹是一样的来历，都是为了驱赶那个叫"年"的怪兽，爆竹是用声音把"年"吓走，这门钱呢，是用亮眼的颜色刺激"年"的眼睛。如今人们对它的喜爱，又多了一层原因，那就是它的名字，门钱——门里有"钱"，过年贴上这个，预示着新的一年中，财源滚滚而来。

初一早上送凉粉

◎大河网洛阳网友"四季春风"

在洛阳孟津、宜阳、伊川，有一种传统习俗，初一早上家家户户都要熬凉粉汤，家家户户的门也会被端着碗的邻居敲开，来给家里的老人拜年送凉粉汤。

凉粉，是我们这里过年才做的一道菜肴。年三十前，家里的主妇们都开始熬制作凉粉用的红薯淀粉。当年从地里收获的红薯，一半放在红薯窖里储藏起来以后吃，一半会洗干净磨成红薯渣，磨好的红薯渣用稀布包起来，一包一包地挤出红薯浆，挤到缸里面沉淀成淀粉，沉淀好的淀粉就用来过年做凉粉。把红薯淀粉加水在锅里熬成糊状，到一定程度，一碗一碗盛起来，晾凉，凉粉块就做好了，跟果冻一样。

初一清晨，厨房里开始忙活起来。把凉粉块切好，再配以肉丝、芹菜、丸子、金针菇、海带、豆芽等一系列食材熬制。刚出锅后先盛几碗，端着热腾腾的凉粉汤，去邻居家让长辈尝尝。此时的街道门外，都是媳妇们端着碗来回走动的身影，她们爽朗的笑声及小孩的嬉闹声，在瑞雪的年里是一道独特的风景。

尊老敬老的传统美德，在送凉粉这一习俗里一直延续着。孝老敬老，邻里和睦的良好风气将传承发扬。

卸门板摆席　一桌40个菜

◎大河网濮阳网友"19730607"

我的童年在姥姥家度过，习惯了姥姥家过年的习俗，直到现在，我仍然喜欢在那里过年。

姥姥家是个大家族，大年三十儿，远路的近途的，只要能来的，都要赶过来，拖家带口足有三十多人。人多吃饭可是个问题，没有大桌子，分开吃又没有气氛，怎么办？以前的店铺都是老式的大门板，年夜饭时，干脆卸下门板，长凳子两边架起，就有了一张宽大的桌子。所有的人坐在四周，虽然有点儿拥挤，还好能够坐得下。这样的大桌子，绝对很少见，菜也都是双份儿的，装上大盘大碗，分别摆放在两边，就可以照顾到所有落座的人了。

等酒菜上齐，满满一大桌子，大大小小足有四十几个菜，热的凉的，荤的素的，看着都喜庆。按照传统习俗，长首幼尾，分别落座，盛酒的也都是酒碗，根本不用小酒杯，嫌费事儿，能喝的大口喝，量小的小口抿，你敬我一口，我与你碰碗，你言我语，划拳行令，热热闹闹的年夜饭，颇有梁山好汉大聚会的豪情。年夜饭不仅是全家聚会，也是家族的新闻发布会，各家各户的大事小情，生意上的逸闻趣事，孩子们的学习成绩，都让大家津津乐道。

卸门板摆大席这么多年，现在也变了。传统的老式门板店铺都改造成现代化的玻璃门大厅了，图省事儿，年夜饭也改在酒店订席，分别落座了，先前的热闹劲儿也淡了许多。但我依旧很怀念以前的聚会方式。

图吉利　饺子里包硬币

◎大河网平顶山网友"湛河闲人"

我们这个大家庭里都是河南人，但来自五个不同县市，各有各的过年习俗，只能按照爸妈和姥姥家的豫东南习俗过年了。过年一定要包饺子，春节包饺子是有很多规矩的：年三十，要剁肉馅和萝卜白菜，全家人齐动手包饺子，而且得将大年初一的饺子也一并包了。为了图吉利，还要随机在一个饺子里包进一枚硬币，谁要是能吃上带有硬币的饺子，就预示着这一年更有福气。

饺子包好，下饺子也是有讲究的。每年除夕的晚饭前必须请祖宗，第一碗饺子就是请祖宗用的。所谓请，就是念叨已过世的先人回来过年。主室的一个桌子收拾干净利落，摆上几种水果、点心，在香炉里插上香。他们没有照片，也没牌位什么的，只是用语言说道说道。煮出来的第一碗饺子必须放在供桌上，这碗饺子也不能煮熟，而是半生的。然后，才是小朋友们期待的年夜饭开席时刻。

吉利饺子　网友供图

打秋千　看美女耍新女婿

◎大河网许昌网友"云水间"

打秋千是中原地区最重要的民俗活动之一。尤其在许昌地区，每年进入腊月，老少爷们儿齐上阵，把家里的檩、梁木材、绳子捐出来，在树中央最开阔的地方，沿大街两边支起两个三脚架，上边架上横梁。横梁上用两个干农活用的架子车车轮作秋驹儿，然后套上一根长长的又粗又结实的绳子，最下端套上一根木板，木板两端钻两个眼，人刚好站在上面，叫秋拍儿。

过年荡秋千算是小时候春节最有趣的事了。大人过把瘾后，才轮上我们小孩子，轮流排着队，有时半夜三更小孩儿们还在轮流荡秋千。有单荡的，有对秋的，尤其是村里年轻姑娘打对秋，会引起全场喝彩。姑娘们使尽力气，两手抓紧绳，要学会分秋，用力，荡到半空时，两手要把绳子往外分，秋拍儿自然上提，回移和前进时，身体要下蹲并用力收和蹬，秋千会越荡越高。有许多城市小伙儿和姑娘到乡里来，使不上劲，一上去就败下阵来。大年初二，有新女婿上去打秋，大家伙一起从后边送，新女婿脚下一软，蹲坐在秋拍儿上，全场大笑，会成为一年笑谈。

女儿回家要拿俩大馍

◎大河网周口网友"娃娃鱼"

在我们周口淮阳、鹿邑等几个县，有个习俗：大年初二，出嫁的女儿回娘家，必须给父母拿两个大馍。

"大馍"也就是把普通的馍（馒头在北方一些地区叫馍）做大，为一般

我们的价值观 我们的中国年

枣馍　网友供图

馒头的三四倍大。春节时候,送大馍成了每个人家的大事。每到过年的时候,女儿都要回娘家送大馍,因此习惯上称呼女儿为"大馍"。相传已流行几百年了,没人讲得清为什么。大馍形似倒扣的铁锅,色白而已。有多大呢?底盘若海碗粗。两个大馍,论重量,差不多有一斤了。大年初二,闺女走娘家,外甥到姥姥家,别的礼物可以不带,唯独大馍不能少。

每年春节,豫东农村有蒸枣山的风俗,枣山由枣花馍组成,周边用发面做成花边,中间设计成各种图形,再以花生仁、红枣点缀,这就是漂亮的"枣山"。大馍是用来孝敬老人、祭拜祖先的,枣山则是专为出嫁的女儿回娘家走亲戚用的。

回枣山的风俗习惯有三层意思:其一,姥娘疼闺女,更爱外孙,外孙长大了不要忘记姥娘家的人;其二,有着美好的祝愿,希望外甥家快快富裕起来,这里有对美好生活的向往;其三,希望外孙健康成长。

大馍和枣山不算是奢侈的礼品,但却是豫东儿女孝敬老人的传统,数百年来延续至今。

闲话枣山

孙青瑜

枣山也叫花馍,是年馍的一种。年馍是吃的,枣山则是祭祖的。因为中国历史上有多次大的移民风潮,而我们中原一带的居民,据说都是从山西省洪洞县移来的,过年时,祭祖便成了一件大事,枣山就是为了记住"根",不忘祖。

"二十八,蒸枣花",说的就是春节前的蒸年馍、蒸枣山,主要有枣山和枣花两种。枣山就相当于印章,而枣花则很像书画家们的闲章,一个正式祭祖用,一个可以自己吃,也可以扠着走亲戚。过去穷,逢年过节,走亲戚买不起果品,便用年馍和枣花馍撑篮子,半篮子果品半篮子馍,碰到更穷的家,半篮子果品也买不起,而该走的顶门头亲戚又省不了,无奈,就塞上一篮子蒸馍和枣花,精心用枕巾盖了。亲戚走了,可刚一扭脸,亲戚却恼了:"啥家伙亲戚,扠一篮子馍上来了!"

枣山馍的做法看似复杂,其实也简单,面是蒸年馍发酵好的小麦面,拽下来一块,擀成圆片,因为蒸年馍不兴动刀,怕砍断了财路,所以该用刀时,就用筷子代替,拿来一只或一双筷子,将面片从中间压开,再用筷子从中间一夹,一朵四瓣面花就出来了。做多少枣花馍就夹多少个小花瓣,随后盖到圆蒸馍上,再在每个瓣上插上红枣,就成了一个精致的枣花馍。枣花馍的花样有五瓣、四瓣、三瓣等。

| 我们的价值观 我们的中国年

制作枣山　网友供图

而枣山不这样做。枣山不需要圆蒸馍，却需要搓面条。从发面的大簸箩里拽一把面，放在面案上，搓出指头粗细的长条，对折，再反折，随后用筷子从中间一夹，一个花朵就成了，随后，再嵌上大红枣；做多大的枣山，就做多少花瓣，随后将这些五瓣、四瓣、三瓣的枣花层层相连，堆出山形，下面再做一个形同盆景的底座，小心翼翼地捧到蒸笼里，烧上二十分钟的火，浓浓的年味就开始顺着笼眼朝外喷了。只是枣山蒸好后，不能吃，要摆在堂屋的方桌上近一个月，供奉神仙和祖先，直到过了正月，神仙和祖先"吃"够了，人们才可以拿下来吃。

过去穷，红枣又贵，每年蒸年馍时，母亲只蒸一个枣山供祭神祭祖之用。可小孩子都喜欢吃花馍，看着蒸好的花馍不能吃，就馋，可再馋也不能和神仙、祖先们争嘴吃，否则就是"大不敬"，所以只能等。记得那时候，

杰作　网友供图

我年年都盼着赶快过年,待过了年,过了正月十五,就可以吃花馍了。只是枣山经过一个月的风干,往往会硬同石头,上锅馏半个小时,牙不好的人咬上一口,还会有掉牙之险。小时候因为牙好,我最喜欢吃干枣山,筋道有味,从枣山上掰下半个花朵,嚼了,吃了,两腮生疼,极具挑战性。

只是这些年,经改革开放的春风一吹,传统节日淡了,中国的神仙和祖宗们也越发受到冷落。很多家庭连年馍都不蒸了,逢到年底,皆是到馍铺里买一兜现成的年馍了事。细细一算,我已经二十多年没见过枣山了。又一茬人长大了。前天我和嫂嫂忆起枣山,一旁的侄女瞪着眼睛问我们:"什么是枣山?"

我和嫂嫂面面相觑,竟无从解释:就是,什么是枣山呢?

我们的价值观 我们的中国年

厨房里的"五色"灶台

王小萍 成利军

这两天,在北京工作的赵义山回到济源市下冶镇的老家探亲。"北京人"回来探亲,老家人没觉得啥稀奇,倒是赵义山对家乡的变化不时啧啧称奇。看着月亮湾社区里亲戚们的新楼房,看着新楼房里的现代化设施,他不住地发出感慨:"变化太大了。"尤其当他看到厨房里"高大上"的电厨设施时,他的思绪一下子又回到了那些年老家厨房的"彩色"镜头里。

【黑】儿时住的土窑,永远只有一种色彩——"黑"。做饭用泥糊的锅头烧"地火"。由于窑洞通风不好,每次只要一点火,窑里立即狼烟滚滚。长时间的烟熏火燎,锅台是黑的,锅是黑的,窑洞里的墙壁、地面、顶棚、桌凳都是黑的。那时大白天进厨房,眼睛还得适应一会儿,要不猛一下什么都看不见。

【灰】改革开放以后,生活很快有了好转。有一年过年时,父亲拆掉了泥锅台,砌了个砖"煤火",烧柴改为烧煤后,日子也像炉膛里的火苗一样开始红火起来。"不美气的是,换煤时,只要拿着火柱子一捅煤火窟窿,满窑洞都是灰。"赵义山记得很清楚,自从开始烧煤火,窑里永远都蒙着一层灰,那层灰似乎总也擦不干净。

【白】20世纪80年代初土地包产到户后,农民的生活水平是上楼梯吃甘蔗——步步高节节甜。赵义山家也从黑窑洞搬进了红砖房。这时村里已经

文明河南 暖暖新年

老灶台　网友供图

有人开始烧煤球了,只要拿着火钳把烧废的煤球夹出来就行,既省事又方便。父亲特意在厨房新砌了一个烧煤球的灶台,灶台的面上和四周以及厨房的墙裙,都贴上了能"照"人影的白瓷片。看着雪白干净的厨房,心里美气得不得了,吃啥都是香的。

【蓝】进入21世纪,随着生活质量的快速提高,不少爱赶时髦的村民又开始改"煤"为"气"了。据说液化气火焰温度高,三两分钟就能炒一盘菜,而且价格也不贵,更主要的是这家伙干净。"既然好,咱家也换。"将烧煤球的炉膛封了后,父母从镇上买回了一套液化气灶具。每次母亲做饭时,总爱看着那舔着锅底的蓝色火苗发呆:生活不就像这蓝色的火苗吗——跳动的,火热的,激情的,梦想的……

【绿】赵义山有时想,难道还有比使用液化气更好的做饭方式吗?实践证明真的有！前几年济源市实施城乡一体化，将沼气入户作为建设新农村生态家园的一项重要内容，配套改厨、改圈、改厕。让他没想到的是，沼气竟然成为改变农民生活的一项革命，省电、省煤、省钱、省时、省力且无污染，既节能又环保，是真正的绿色能源！

这次回来，听亲友们说，小区后面的山上现在已装上了风电设备和太阳能设备，而且第一台风电机组已开始并网发电，有的家庭已经开始使用微波炉、电饭煲做饭了，当然这电十有八九是后山风力或太阳能发的电。"好啊，这样绿色低碳的生活方式太好了！"赵义山由衷地赞叹，"故乡的生活方式变了，人们的生活观念也变了。以后我要年年回来，年年看到家乡的大变化！"

年俗是流动的温暖

于殿利

每到过年的时候,都会不自觉地想几个问题:人们为什么要过年?怎样才算过好年?过一个好年对我们意味着什么?这些问题看似没有意义,估计在匆匆的年节里也不会有多少人认真去想,但它们实际上触及了过年的本质。

与过年最相关的是丰富多彩的年俗。之所以说是"丰富多彩",是因为各地有各地的年俗,又有共同的年俗。这些年俗是活生生的,是老百姓自己创造的,是最接地气、最有生命力的。无论这些年俗多么各具特色,总有一根无形的主线串着共同的主题。

年俗共同的主题,第一离不开"吃"。这个吃与平时不同,须是全家聚在一起吃,这叫团圆饭。吃有那么重要吗?真有那么重要!吃的问题是中华民族几千年文明发展一直努力解决的问题。家里有好吃的一定要留到过年的时候吃,留着全家人回来一起吃。一进腊月,家家户户就开始准备年货,开始为过年准备食物,人们无论身在何处,都会千方百计赶回家,与家人一起吃个团圆饭。

第二是"发财"。发财还是为了吃,为了吃得更好。所以,压岁钱或给晚辈送红包是亘古未变的年俗,延续至今。朋友或熟人路上相遇,也都会收到数不尽的"恭喜发财"。另一件与之相关的事是到庙里拜财神,甚至把财神请回家。以武汉为例,大年初一和初五,老百姓纷纷到归元寺上香,祈求财神爷保佑，初五那天香火尤其旺。

　　第三是"好运"。人人都在春节里祈求好运，盼望在新的一年中好运相伴。好运之首应该算"平安"，中国有句老话就叫作"平安是福"。与"平安"相关的则是"健康"，所以"身体健康"的拜年语是一定少不了的，也深受人们的欢迎。

　　近些年，中国的年俗增加了新内容，与传统年俗相比，新年俗仍然保持着"团聚"与"团圆"的主线，同时又有了新形式。其一是全家游，与平时的同学、同事或朋友结伴而游不同，过年全家游的关键在于全家集体出动，所以常常有"三代游"、"夫妻游"的景观。其二是赏花或逛庙会。赏花和

剪纸 连年有余　作者 妮妮

剪纸 国色天香 作者 李金柱 摄影 白英

逛庙会可以说是南北方完全不同的风景。武汉人过年就有赏梅的眼福，武汉大学的梅园、磨山植物园的梅花，都久负盛名。与此相映成趣的是，北京的公园则在举行庙会，最初的庙会以吃为主，现在则多是文化主题，且越来越受欢迎。

我们熟悉的一些过年的事与物都在悄无声息地发生着变化，有的内容变得不再那么重要了，更多是留下具有仪式感的形式；有的内容本身虽然还保留着，却饱受质疑。前者以"吃"最具代表性，以前人们看重吃，看重吃什么，因为只有过年时才舍得吃点儿好的。现在时代不同了，过年时吃的东西已经没有任何稀罕性可言，跟平时吃的都差不多了，只不过品种可能更丰富一些而已。有时候甚至觉得，好吃的东西确实比以前多了，可从前的滋味儿却再也找不回来了。后者则以放鞭炮最具代表性。春节期间燃放烟花爆竹，可能是最"隆重"的中国传统了，以前的年画中就少不了儿童放花炮的主题和内容。放花炮除了能够增添过年的喜庆氛围之外，还有崩一崩"晦气"或驱魔降妖的意图。但是在雾霾对生活环境造成危害的今天，城市地区的"限放令"得到了广泛的赞同和响应，有的人甚至认为放花炮是一种传统的陋习，应该彻底予以放弃。可是，如果没有了花炮，过年真的就缺了点儿什么，似乎没有了那种熟悉的"年味儿"。

还有一件逐渐消失的习俗是东北农村的扭大秧歌。以前在东北农村过年，各路大秧歌的汇演那叫一个热闹，节日气氛非常浓烈，秧歌至少要扭到正月十五，现在这场景似乎只剩下了回忆。物质生活无疑大大进步了，而根植于乡土的文化却在一点点消失，想来有些可惜。

年俗是一面镜子。它真实地映射着一个时代、一个社会，以及生活在这个时代、这个社会里的人们的精神面貌。我们每个人都可以对着这面镜子，照出真实的"本我"来，并且让这个"本我"紧跟上时代的脚步，成为年俗中有益的组成部分。

文明河南 暖暖新年

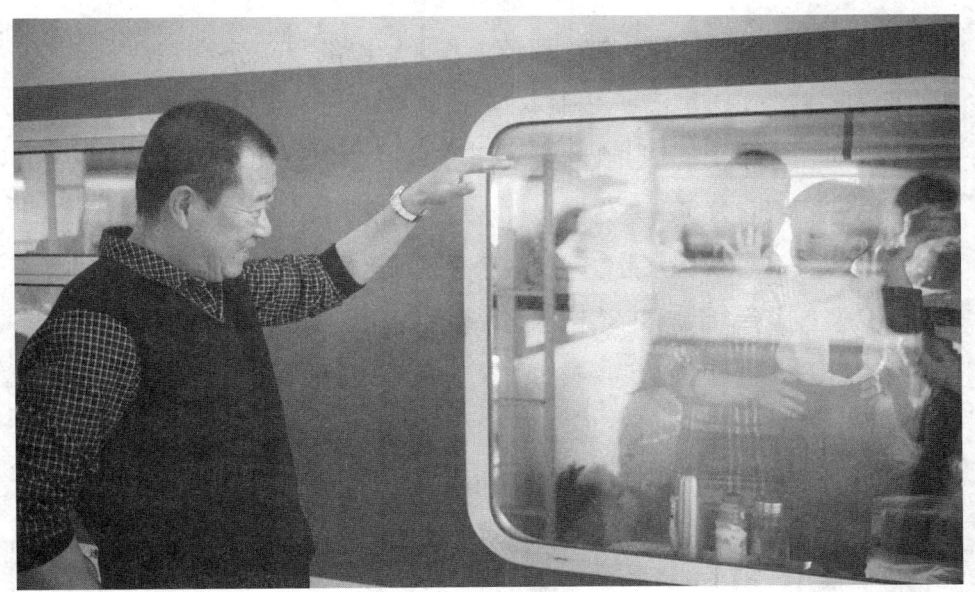

道别　网友供图

回家过年

范会新

春节是一年中最温情的节日，无论身在何处，一顿其乐融融的年夜饭，是游子心底最深的祈盼。舟车劳顿，只为听到那熟悉的乡音，闻到那熟悉的味道。

我是喜欢过年的，这种喜欢，从小时候，一直延续到现在。小时候有期盼，过年可以吃好吃的，可以穿好衣裳。现在我依然有期盼，过年可以看到满街的人，可以看到红对联红喜钱红灯笼铺出红海洋，我喜欢那种俗世的快乐与热闹。我还期盼着回家，回我乡下的老家。

今年，我照例回老家。走上那条熟悉的泥土路，心就变得特别安静。风中，两鬓斑白的父母早已等在村口，远远地看到我们，高兴地招手叫。母亲颤巍巍地伸出双手紧紧握住我的手，不停念叨："咋恁凉呢？这一路颠簸的，累吧？饺子已经包好了，是你最喜欢吃的肉馅饺子。"

"老头子，你快回家煮饺子，孩子坐了那么久的车，早饿了。""嗯，嗯。"父亲答应着。我看到父亲饱经风霜的脸上绽开一丛笑，从前额到眼睛，再到嘴角，逐步展开。打满褶皱的前额下一双失神的眼睛慢慢放出光来，浑浊却温润，透着一股慈祥和淡定，仿佛在无声地告诉我们，什么是幸福。

轻轻握着母亲布满老茧的手，花白的头发从两鬓垂落下来，零零落落的，挂满了岁月的印痕。我望见暮年的寂寞，泪水瞬间充满眼眶，哽咽着说不出一句话。

旧房子仍在，屋顶上长满了野草，后沿的土墙满壁斑驳，上面的泥灰几近脱落。它被新建的楼房包围着，像个迟暮的老人。虽然精神不振，但仍坚强地挺着！我绕着老屋转，想小时候的事。仿佛风吹过，一下子，几十年的光阴就这样吹过来，又吹远了。岁月里，那个扎着羊角辫的小丫头，真的越走越远。

门前的几棵白杨还在，光秃秃的枝杈高耸在灰蒙蒙的天幕下。一个面盆那么大的喜鹊窝，托在高高的枝丫上。窝筑得很简陋，枯树枝乱七八糟地搭在一起，喜鹊的窝显得孤零零的，是最后守着的一片叶，守着树。屋后的小河还在，不过已被遗弃了，下到河里的小路没了，只见两岸光秃秃的树枝，枯黄的杂草。一河两岸，有着肆意的沧桑。

厨房里弥漫着肉香味，接着，便是菜倒入锅中时发出的"刺啦啦"的响声，矮小的母亲在厨房里忙碌着，热气盘旋在屋内。父亲忙着摆桌子，端菜。对于儿女们的回家，母亲多多少少有些激动，炒菜时，突然会怔住，说："我是不是放过盐了？"我们都笑了。

好吃的摆了满满一桌子，这是父母早为我们准备的，单等我们归家，才一一隆重地上桌。这个时候，年的热闹与喜庆，才算正式开始。这是亲情，不管岁月如何转换，它都不会有一丁点儿的改变。

父亲满脸的笑容，从橱柜里拿出一瓶家乡烈酒，倒上满满一杯，招呼我们走到祖上的供桌边，供桌上，有饭，有飘香的菜肴……父亲给那些饭上插上筷子，把满杯酒倒在地下，对着供桌跪拜下去。也要我们磕头，父亲说，这是请祖上亡人回家吃年饭呢，磕了头，祖上亡人就会保佑你们一年平安。于是我们跪下去，这会儿，我想的是，我亲爱的爷爷，他今年回家吃饭吗？从今年起，再不见他站在路口迎我回家了，却没有感觉他远离。父亲指了指窗外那片山坡，说："你爷爷就在那里。"我知道，我们不过隔着百十米的距离。

呵，人生就是这样轮回着的。

快要到家了　网友供图

饭桌上我们和父亲推杯换盏，母亲环顾着坐满桌边的儿女，露出了会心的微笑。许久，脸庞微红的父亲突然对我们说："孩子们，自从你们出去后，总觉得家里少了很多欢笑，但今天，一下子增加了这么多人，真好！"我端一杯浓烈的乡间谷酒，"饮"下了这一段最美好的时光……

记忆里的东西，却有些根深蒂固。小时候日子虽苦，可小时的春节，那才叫节呢，只能用隆重来形容。是真的隆重啊，每到年底，父母几乎拿出全年的积蓄，做几道像样的家乡菜，花花绿绿的糖买上一包。穷人家的孩子，对糖有着热烈向往，兜里塞满各种颜色的糖，在小朋友们面前炫耀。饺子是年夜饭的主食，祖母和母亲，就着昏黄的灯包饺子，一个个白白胖胖的小饺子安睡在拍子上。母亲还会在饺子里放上一枚硬币，包之前她会对我们说："今晚谁吃到这枚硬币，明年会心想事成的。"

当母亲喊"饺子好了，吃饭了"，我们兄妹几个便一拥而上，争破头地在锅里找。那时的饺子，说是肉馅的，却是极难吃出肉味儿来。肉价高，极难买上很多；萝卜白菜却是自家地里种的，不要钱，便狠命地加，到最后，饺子吃到嘴里，已是完完全全的菜饺子了。外面噼噼啪啪的鞭炮声，伴着桌边热气腾腾的饺子，伴着黑白电视机里播放的春晚节目，那时我以为，幸福是糖的味道、饺子的味道。

记得那年，一向成绩很好的二哥以几分之差高考落榜。他一度萎靡不振，每天沉默地与父母在地里劳作，即使春节喜庆的气氛也没能改善他的心境。那次年夜饭，哥哥破例没有与我们在锅台边翻找硬币饺子，在母亲的呵斥声中，我们也停止了挤拥争抢，跑出去与父亲放鞭炮了。

当我们回到桌边时，一人一碗饺子已经摆好了，我们兄妹几个端着各自的碗，吧唧吧唧地咀嚼着喷香的肉饺子。只听到二哥的牙齿"咯吱"一声，我们的眼中放出亮光一齐望过去，看见二哥从嘴里吐出那枚代表运气的五分硬币。母亲淡淡地说："二小子，别灰心，过了年去复读，重振旗鼓，来年一定能考上。"父亲用宽厚的大手轻抚着二哥的头，说："小子，你可是我们家的希望啊！努力吧！"昏黄的灯光下，透过饺子碗里缭绕的热气，我看到二哥的嘴角露出了一丝久违的微笑。

不知是二哥的努力付出，还是那枚硬币带来的运气，事情真如母亲所言，第二年的秋天，二哥如愿地考上了理想的大学。那是个雾霭沉沉的清晨，二哥手捧着大学录取通知书飞奔着朝我们跑来，边跑边喊："妈、爸，我考上了，我考上了……"妈妈用布满老茧的双手抚摸着那张充满希望的录取通知书，嘴里喃喃细语："好啊！真好！我就说嘛，二小子就是有出息。"一向沉默不语的爸爸慈爱地望着比自己高出一头的儿子说："小子，终于如愿以偿了，我也可以告诉你一个秘密了。"我们兄妹几个带着疑惑的目光望着爸爸。"其实，去年三十晚上的那个包着硬币的饺子，是你妈妈用手蘸水从一锅饺子中挑出来盛到你碗里的，妈妈想通过这枚硬币给你失利的高考带来希望，如人所愿，妈妈的心没有白费。小子，你很争气。"二哥面对着母亲，突然扑通一声跪在地下，说："妈，谢谢你！"那一刻，我看见父母与二哥的眼睛里都涌满了泪花。

随着岁月流逝，我们兄妹几个在各自的城市里分别有了工作和家庭。但是，每年的春节，二哥总是提前打电话约我们几个回家过年，回我们乡下的老家，回我们出生成长的家。每当吃饺子时，那顿难忘的年夜饭就萦绕心头。它永远尘封在我记忆的深处，让我对父母的博爱之心有一种穿越心灵的感悟。虽然过去了二十多年，但是，依然能感受到那份浓浓的亲情在心头萦绕，让人惬意不止。

| 我们的价值观 我们的中国年

过年回家
是奔向亲情
　　希冀团圆之路
是互帮互助
　　互联互通之路
是享受天伦
　　体味美满 展望幸福之路
无论你身在何处
游子就像放飞的风筝
家永远是风筝的牵绳
时时扯动你心中最柔软的地方

郑州火车站东广场的旅客　范昭 摄

纵使千山万水，也要回家过年

大河网友

随着春节临近，乡愁格外浓郁。"过年回家吗"成了身边人使用频率最高的问候语。火车站、汽车站，排成长龙的购票队伍，也诠释了返乡人归心似箭的心情。

回家过年，是中国人的传统习俗，它所包含的浓浓亲情，成为无数在外工作者难以割舍的情怀。然而，随着时代变迁，春节回家不再成为每个外乡人的必然选择。

虽然有人说，因工作等原因，今年不能回家；但更多网友表示，无论春风得意、衣锦还乡，还是暂遇挫折、内心恐归，抑或路途遥远、长途跋涉，今年一定要选择回家，团圆。

网友故事

【亲情呼唤篇】

孩子一回来　老人乐得合不拢嘴

◎大河网网友"xuelian75"

潘河岸边，高高的河崖上，有个常庄，那是我老家。隆冬时节，顺河风呼呼地叫，雪花飘洒，我顶风冒雪，过年总要回去。

很早以前过年时，姐姐在家拉风箱烧灶火；爸爸身上系一块布当围腰，在锅台边忙着准备过油锅的吃食；大哥和庄上的一帮人在村里支起的杀猪锅那儿忙活；小哥剥葱、剁萝卜馅；妈妈在忙着准备我们姐弟五人的新衣；我和弟弟嬉闹着当"通信兵"，传个话儿，打扫卫生，迎来送往。难忘那浓浓年味儿，那热闹温馨的老家。

如今，日子越来越好，做饭不用风箱，对联是金粉印刷，年夜饭直接下馆子去酒店，花上几千元眼皮不带眨的。没变化的事情是，大年初一你来我往给长辈拜年的规矩。

村里的人们就盼望年来节到，在外上学、打工的孩子们回来呢！说说村上古今，听听外边见闻，长精神啊。有孩子们回来的家庭，老人们乐得合不拢嘴，逢人就夸孩子长大了，懂事有孝心。孩子没回来的，老人口里替孩子打圆场话，眼里藏不住的是失落和遗憾。真想劝劝过年不回来的娃儿们：回来吧，老家的老人想你们！

| 我们的价值观　我们的中国年

女儿出国留学　准备年货的心思都没了

◎大河网网友"青山依旧在"

常言说，"慈母手中线，游子身上衣。"无论你身居何处，血缘总是时刻牵系着至亲。忙碌也好，拼搏也罢，事业和追求与回家过年并不矛盾，在万家团圆的春节，似乎没有什么比回家过年更重要了。

今年春节，我和老伴要想办法适应新变化了，因为我们的女儿在国外上学，回不了家了。想到这些，我和老伴商量着还要不要准备年货。东西多了，吃不完，最关键的是，也没有那个心思准备了。好在女儿说，除夕夜要和我们视频聊天，网上团聚过年。

看到网上很多年轻人说"恐归"，我们这些做父母的心里挺难受的。亲情是无价的，不能以钱财来衡量，不管你们在外混得好坏，父母都想你们能回来过年。虽然我们唠叨了些，虽然我们以后会给你们添很多麻烦，但是我们盼望你们回家的心情是一样的。

【幸福团圆篇】

今年回家的路不再漫长

◎大河网网友"陇海路"

媳妇说，今年回我们家过年吧。要是以前我肯定不从，不是害怕黄河故道的风沙，而是担心路难行。

媳妇家在濮阳范县，范县是河南省最年轻的县之一，20世纪60年代末，才从山东省划给河南省。两省交界的范县，经济相对落后，尤其是交通，更不方便。

记得2008年春节，我以新女婿的身份，第一次回老岳父家过年。早上5点多到二马路汽车站坐车，到家给老岳父倒酒，已是下午2点多了，足足走了9个小时。当时我记得高速公路只通到濮阳，从濮阳到范县，几十公里竟然走了两个小时。

成家后，日子红火起来，有了自己的车。有一次，拉着媳妇带着姑娘，走了两个小时的高速公路，准备下站的时候，欣喜地发现范县也有了高速公路，这样回老家更快了。

2012年以后，家门口通了京广快速路、陇海快速路，两条高架直达高速公路收费站，上高速，时速120公里，两个小时就能到老岳父家。

这还不算完，昨天发现有网友发帖说，范县人可以坐火车啦！赶紧进去看看，惊喜地发现，范县将纳入全国铁路网，开行旅客列车，这样一来，今后回范县更方便了！

想到这里，我很激动，就对媳妇说，咱们今年就开车回家过年，给老岳父买好烟好酒，给岳母买好看的衣服，也给村里的乡亲们买点省城特产，大家过个红火年！以后我们还能坐火车，甚至坐高铁回家过年呢！

包车也要回家过年

◎大河网网友"水中石头"

回家过年，对我是一种牵挂，不管如何，都要回家过年。

每次回到家，奶奶都会高兴地对村里人说："俺孙子回来了，我得回家做饭。"奶奶做的饭，倍儿香，尤其是她打的荷包蛋，是我的最爱。

| 我们的价值观 我们的中国年

还记得2005年在安阳工作时,因一些事耽误了回家,到了大年三十下午四点钟,已经找不到回老家鹤壁的长途车。无奈之下,在大街上包了一辆车,说好300元钱打车回家,隐隐有些心疼。还好,半路在汤阴搭上一辆顺风车,省去150元钱,最终在晚上八点钟回到了家,奶奶依然在等着为我做饭。

每年过了大年初三,姐姐、哥哥和我,会陆续离家返回各自工作的城市。我们姐弟几个,每送走一个人,奶奶都会唠叨:"你们一回城,年就过完了。"

一晃又是数十年,每一年,我都要回家过年,不管有多难。只是现在,已经吃不成奶奶做的荷包蛋了。

期待回家陪父母说说话

◎大河网网友"秋叶飘零"

随着新年临近,回家的思绪一天天浓烈起来。像那首歌里唱的"我生在一个小山村,那里有我的父老乡亲",记忆中的小山村,有山有水,有小河,有池塘,有森林,有稻田,有"鱼翔浅底",更有"雀舞九天"。更重要的

一群老人在公园里举牌呼吁子女回家过年　范昭 摄

是，那里有我的父母，还有如亲人般的乡邻，他们构成了我回忆老家时的全部画面。

至今仍记得第一次因上学离开老家时，在国道口看到的标示牌："距郑州372KM。"没想到，第一次远离家乡，就注定了以后和父母分隔两地，也时常假设，如果没出来上学，一直守在父母身边会是一番什么景象。好在老家是一个交通发达的地方，高铁、铁路、高速、国道都能穿境而过，距离虽远但路程并不辛苦，所以，一年中总会有几次回家看望父母的机会，陪他们说说话、吃顿饭、干点活，看着他们一天天老去，愈发觉得自己身上的担子沉重。

父母是农民，常年累月的劳作使他们过早地苍老了，曾多次劝他们来郑州一起生活，甚至有一次大动干戈把他们全都接来了。可是，住了不到两个月他们又回去了，理由是不习惯在这儿闲着，还有自己的活儿要干。

古人云，父母在，不远游。在我看来，父母在，老家就在；老家在，就没有什么能阻挡回家的脚步。尤其是在春节来临之际，回家的思绪如野草般漫长，对父母的思念也与日俱增。醒来后，赶紧上网订一张回家的车票。

【两地牵挂篇】

为了城市环境 俺主动要求值班

◎大河网网友"19730607"

我觉得挺不好意思的，因为今年不能回家过年了。

我在郑州东区从事清洁工作。本来员工就严重不足，因为有人需要请假回家过年，人手就更紧缺了。领导虽然说理解大家，但也掩饰不住无奈的表情。是我主动提出春节期间要坚守岗位的。

因为俺知道,春节期间,如果保洁工作不到位,城市的卫生状况就会一团糟。好在领导也体谅大家,春节工资不仅翻倍,还会额外给一些特殊福利照顾,这也让我们深感欣慰。

俺想好了,过完年就抽时间回家和父母团聚。如果以后条件允许了,俺也会像别的工友那样,把爹妈都接到城里来过年,也让他们图个新鲜,换换环境。

将心比心,俺给春节不能回家过年的工友们拜年了!

不能回家过年　给父母寄了两千元钱

◎大河网网友"郁真"

我们家的大团聚是在大年初二,几个姐妹要来家里过年,人多,在家里设宴席诸多不便。因此,离春节还有个把月,我就委托邻居租房住的小李,在她做服务员的那个全市最好的酒店预订了宴席。

小李来自豫西农村,毕业后就在这家酒店做服务员,这家酒店经营业绩是全市最好的。酒店名声在外,春节不休息,比平时还要繁忙。

小李对我说过,酒店老板对员工很好,春节期间给双薪,还要改善员工的伙食。因此,过年她也就不打算回家了。

"我给家里寄了两千元钱,过年时我会打电话,给爸妈拜年。"小李脸上绽开笑容,"我爸妈都是开明人,能理解我。"小李说,"我还有个弟弟在上学,爸妈收入低,我现在是家里的壮劳力呢!"

有话要说

应为百姓回家提供便利

◎河南师范大学教授 刘英基

春节,意味着草木凋零、冰天雪地的漫漫寒冬即将过去,万物复苏、春暖花开的季节将要到来。春节是中华民族最重要的节日,回家过年、亲人团聚成为春节最温馨的符号。老家年迈的父母渴望着能在春节时看到一年未见面的子女,年幼的孩子期盼着在外地工作的爸爸、妈妈回家过年。因此,我们的政府、企业和社会组织要一如既往地坚持"以人为本"、"服务群众",为老百姓回家过年提供方便。

政府要鼓励和支持铁路部门春运期间减少货运、加开客运列车,力保旅客运输;公路部门确保道路畅通,提高客运效率。企业切实积极履行社会责任,积极为员工团购车票,帮助员工包车、包机回家过年。

值得一提的是,我们的政府和企业更要关注春节"恐归族",创造条件,提升员工收入水平,鼓励企业增发激励性年终奖金,让每一位"恐归族"的腰包鼓起来,充满自信和快乐地回家看望父母和亲人。吸收外来务工者的城市要敞开胸怀,政府和企业积极提供便利,让那些因为工作而不能回家的职工有条件接家人过来过年。

期待着中西部地区经济发展更好,让几千万外出务工的中西部儿女能够在家门口找到满意的工作,每天都能够陪伴家人,快乐生活。

| 我们的价值观 我们的中国年

郑州航空港 网友供图

春节,我们坚守在T2

栾 姗

2015年2月17日,已经是农历腊月二十九了。当天上午,在中建三局集团有限公司(郑州)T2航站楼项目部,几个年轻人正带着梯子,提着糨糊,开始在大门口贴春联、福字、年画。

杨妮透过玻璃窗向外眺望,T2航站楼的玻璃幕墙已经安装完成。2015年春节,是杨妮与丈夫马钢结婚后的第一个春节假期。前几天放假后,杨妮就来到工地上陪丈夫了。今年,小两口在T2航站楼工地上过春节。"来之前跟家里的老人们沟通过,他们都很支持我们。"说着,杨妮的眼圈有点红。

从项目部办公楼下来,走向西边生活区,杨妮推开一间标着"F-02"的板房宿舍门,这就是项目部给他们准备的夫妻房。迎面过来的刘艳丽和杨妮打了个招呼。"刘姐也是陪丈夫在工地上过年的,项目部有十几对夫妻,都住在这栋楼上。"杨妮说。

2015年是郑州机场二期工程的"决胜之年",要确保春节期间施工高潮不降低,全面完成各项节点计划。这个春节,有3,100余名建筑工人坚守在施工现场,机场二期工程指挥部通过提高加班工资、接家属到工地过年等办法,使建筑工人在工地安心工作。

记者去工地采访马钢,邀请杨妮一同前往,杨妮激动地说:"我来这里五六天了,这是第一次去工地上看他,平时是不让家属去的。"

从7号连桥开车驶入T2航站楼,头戴安全帽的马钢已经等候在门口。一见到丈夫,杨妮就欢快地跑了过去。走过值机柜台,通往候机楼的廊道是马钢负责的施工点,七八名建筑工人正拿着钉钩在盘旋固定保温层铁丝网。"T2航站楼是中央空调采暖,地板下面做一层保温层,可以保持立体空间的恒温效果。"马钢说。

据悉,在2014年的春节7天假期间,T2航站楼完成了施工产值1,790万元,按时完成月度节点计划。

已经快中午了,马钢主动坐上工地通勤车回宿舍。杨妮正想着丈夫是不是陪自己吃饭,"好,5分钟,我就到项目部了。"马钢在电话里说。原来他是回去开连续施工小组会。

杨妮回宿舍拿上饭盒去食堂打饭,大厨杨永成已经做好了丰盛的四菜一汤。24岁的杨永成是河南灵宝人,他已经连续两个春节没有回家过年了。第二天一早,他就要准备年夜饭的食材了。他的菜单上列出了六凉十热两汤两点。"杨妮姐,保证和你在家里吃得一样好。"杨永成笑着对杨妮说。

排在杨妮后面打饭的是韩俊,她是项目部常务副部长吴闯的爱人,单位刚放假,就来工地陪丈夫过年了。"小杨,吃完饭咱去港区买点彩纸和鲜花,给食堂里装扮一下。"韩俊说。

春节,一起坚守在T2,杨妮的新年并不孤单。

文明是对节日的最好回馈

李 斌

好习惯是一个人的最佳服饰,不能因为过年忘记了它的存在。

过年这几天,一篇名为"全国酒量排行榜"的文章在微信朋友圈流传甚广。这份号称数万人参与的调查,其实早在2013年春节就已流传。"炒冷饭"竟然还能倍受追捧,足以看出过年豪饮斗酒者,不在少数。

节日是展示社会气象的橱窗,也往往成为不文明行为的集中爆发期。不仅是攀比酒量,出国旅游中的不文明如厕、疯抢商品,庙会上踩踏文物、乱扔垃圾,祭祀场所烟气熏天、乱投钱币,高速公路上抢占应急车道、随意丢弃杂物,一些地方聚众赌博、彻夜喧哗……春节期间的这些不和谐音符,给欢乐祥和的过年氛围添了"堵"。

不可否认,我们的社会风气整体是在提升,尤其是反腐之风吹散了迎来送往的污浊之气,"八项规定"送来了节俭、清新的节日新风,政风转变也涤清社会风气。国家旅游局报告显示,今年春节长假,旅游投诉量、不文明事例报道量"双降",老百姓也有文明新风劲吹、不文明劣习受到遏制的共同感受。公众文明素质呈现良好态势,这是不争的事实。然而,社会文明的提升不会一蹴而就,不文明行为即便是少数存在,也会如白袍着墨般大煞风景。

哲人有言,好习惯是一个人在社交场中所"穿"的最佳服饰。然而,并

文明河南 暖暖新年

2015年2月2日,民权县一企业为双塔乡敬老院的24名老人们送来了新棉衣,让五保老人温暖过冬。 马玉 李世坤 摄

不是每个人都会珍惜爱护,过年的特殊氛围更让许多人忘记了它的存在。节俭了一年,过年总该铺张一下吧;忙碌了一年,过年总该奢侈一下吧;拘束了一年,过年总该放纵一下吧……正是在这些"过年要特殊一点"的心理暗示下,聚会、休闲变成了聚众赌博,祈福、祝愿变成了抢头香、烧高香、扔硬币。如果过年成了忽视秩序良俗的借口,不仅年俗只会剩下"俗",社会风气也会因为我们对讲文明的习惯性忽视瞬间反转。

当我们"吐槽"春节越过越乏味时,当守住年味成为国民心声时,是不是也该认真思考一下,到底怎样庆祝和休闲才有助于年味回归?人人都盼望"欢度春节",但自己欢度的同时,能否也让环卫工人、列车乘务员和交警省一省心?人人都希冀"万事如意",如果只贪图个人小便宜而不顾公共大格局,岂不是会让社会文明承受莫大负担?人人都祈盼"万象更新",除了打扫庭院、新桃换旧符,是不是也该给生活、风俗来一番大扫除?新年新气象,关键就看能不能在同陋习陈规、一己私利的较量中占得上风。

| 我们的价值观 我们的中国年

　　求取年味并不等于因循陋习,在弘扬传统文化正能量的同时,必须坚决对落后民俗说"不",对不文明说"不"。好多人都有这样的经历:春节期间,不管是邻里纠纷还是街上车辆摩擦,一句"大过年的",足以平息双方的心头怒火。这其实正是"年文化"的映照。过年的本来含义,在于幸福团圆、和合包容;过节的本来目的,在于催人奋进、引人向善。从这个意义上看,讲文明、重德行,才是对节日的最好回馈。

　　每逢佳节或假期都要来一次"审丑会",这谁也不愿看到。文明不是一天养成的,提升社会文明的水准,不能只靠文明过节的"碎碎念",它离不开每个人的自尊自律,也需要培护群己权界的现代公民意识。别再把自己当作社会文明的旁观者,也别再把节日当作不文明的垃圾桶,从心动走向行动,我们一定能一起翻开文明新篇章。

　　2015年2月10日,共青团三门峡市委和三门峡希望办开展"暖腊月、微心愿"活动,1,000名留守儿童收到了棉帽、手套等御寒和学习用品。
　　　　　　　　　　　　　　　　　　　　　　　　　　　　赵华 摄

窗花红艳艳

陈洪娟

"过大年，贴窗花，窗花就是我的家；过家家，吹喇叭，腊月家家贴窗花……"故乡的年味，仿佛是从家家户户贴窗花开始的。

小时候，每逢过年，父母就会带着我们把屋里屋外打扫得干干净净，把窗户擦得一尘不染，然后贴上一张张红艳艳的窗花，再在大门上贴上春联，屋檐下挂上红灯笼。家家户户都是喜庆的红色，清贫的日子一下子就变得亮堂起来。

母亲是剪窗花的好手。母亲的手不是柔软修长的纤纤玉手，而是青筋突起、老茧丛生、手指粗短的劳动者的手，但就是这样一双手，却能变魔术似的剪出各式各样的窗花来。一张红纸，被母亲三折两折，然后左手拿纸，右手持剪，随着红纸左旋右转，剪刀发出轻轻的"咔嚓"声，红色的碎纸屑落了一怀。不一会儿，一朵精致的窗花就灿然开放于母亲的手掌上，有金鸡报晓、喜鹊闹梅、鸣凤朝阳，也有五谷丰登、六畜兴旺、年年有"鱼"……真是栩栩如生。母亲剪的窗花，除自家贴之外，其余都慷慨地送给乡邻们。

母亲在剪窗花的时候，我们小孩子就把那些碎纸屑拿来，用舌头把红纸舔湿了，在自己的脑门上点上"美人痣"，把两腮和嘴唇染红，再把十个指甲都染成红色，然后一整天舍不得洗脸、洗手。连帮母亲做家务的时候都翘着小兰花指，生怕把红指甲给弄脏了。

| 我们的价值观　我们的中国年

2015年2月16日，渑池县一对母女正在贴窗花。春节的脚步越来越近，当地许多群众用大红灯笼、窗花、福字等装点家园，营造出浓浓的喜庆氛围。

邓志伟 摄

贴窗花的时候，我总是自告奋勇地帮母亲。我先小心翼翼地把窗子擦拭一遍，母亲则用小刷子细心地在窗花背面抹好糨糊，再在窗格子中间轻轻按上窗花。我和父亲在后面看着，"往左，再往上，再往右一点……"在一声声提醒和一次次比划中，一张张喜庆的窗花终于灿烂地绽放在我家的窗棂上，把简陋的农家小院辉映得通红透亮、生机勃勃，将新年渲染得喜气洋洋、妖娆多姿。

母亲的窗花，在村里是出了名的。每逢腊月，村里的小媳妇、大姑娘都跑来向母亲学剪窗花。母亲即使再忙，也总是耐心地指点一二，大家叽叽喳喳、欢声笑语，比唱戏还热闹。随着新年的临近，窗花在农家的窗户上开得更艳了。

再清苦的日子，也挡不住人们对美的渴望。在那些清贫而寂寥的日子里，窗花就这样带着蓬勃的春天气息，开遍千家万户的窗口，点亮人们心中对美好日子的向往和希冀！

文明河南 暖暖新年

过 年

王剑冰

有句话叫"过日子",咱今天说"过年",年是最大的日子。年是什么?年是瑞雪飘洒,年是万象更新,年是红鞭飞炸,年是桃符盈门。

多少生命交集在路上,还有更多的归心在路上飞奔。狗在这家那家的门口叫。高高的冈上是娘张望的想念。

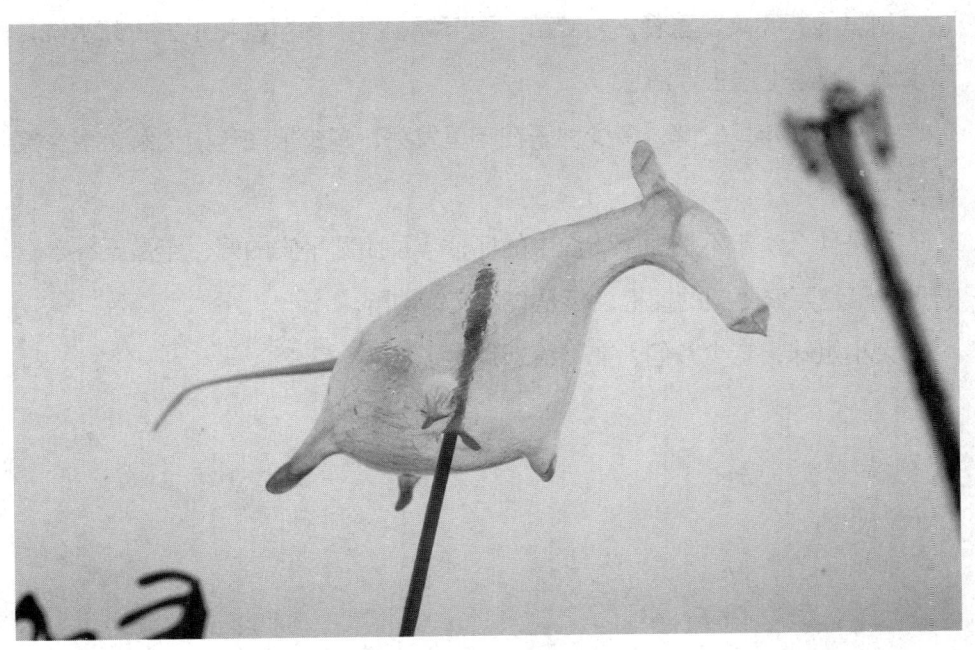

天马行空　郭朝源摄

恨不得把所有的都花在年上。进门叫一声，掉出积攒一年的眼泪。

乳名在年中喊得最亮，再大的人物到"年"里也按辈分来，说不准那个用袖子抹着鼻涕的，你得叫他三叔。

年让人敬畏，最长的德庆爷那里，聚满了一村子的祝愿。

年让人欢喜，你敢拉起二妞的手，一家家地跑，俺和二妞给您拜年哩。二妞傻傻地跟着你笑，穿着带有最大口袋的新衣裳。

年是什么？年是风拂柳絮、雨润桃花的前兆，年是打开窗户晾晒冬天的快慰。

世上的千万种爱，都会在年中表现出来。

戴着雪帽子，身下被约会掏空的麦秸垛，为年做好了最坏的打算。

田里的荠荠菜蓬蓬着，与麦苗一同莹绿，有人稀罕就随了去，凉水洗，热水焯，饭桌上送去春消息。

多少情在年里发酵，多少种子在年里发芽，多少恨在年中化解，多少笑在年中尽情。

年是什么？年不是那个传说中的坏，年是团圆平安的好，年是五谷丰登的贵，年是万家团圆的拥抱，年是觥筹交错的醉。

大小姐妹，老少爷们，在下给您拜年了！

印象年画

刘 韬

喝完腊八粥,不管是城里还是乡下的年味儿就越来越浓了。走在大街上,看到许多店铺里展出了许多大小不一的年画,我油然想起了童年贴年画时的事情。

到过小年的时候,村里的孩子们都放寒假了。顶着刺骨的寒风,父亲骑着自行车带上我就上街赶集了。理发、洗澡、买新衣服,快回家的时候,父亲会顺便带我去新华书店买些年画,好装饰一下堂屋那略显破旧的墙壁,过一个满眼亮堂喜庆的春节。

赶年集的大街上聚拢着方圆几十里的乡亲们,集市上熙熙攘攘,叫卖声此起彼伏。连平时很少有人光顾的新华书店里,选年画的乡亲也是一拨接着一拨。此时,在长长的塑料绳上和四周的墙壁上,有单张的,有连页的,还有成组的,密密麻麻地挂满了各式各样的年画。

《红娘》、《白蛇传》、《七品芝麻官》,那些连页的古典戏剧年画,印满了花花绿绿的小人,那些曲折离奇的故事情节,直直地吸引了父亲这个老戏迷。《西游记》、《智取威武山》、《红灯记》等,那些可是孩子们的最爱。挑选完喜欢的年画后,父亲喜悦地用红麻线将年画缠起来,挂在自行车的前把上,满脸的笑意,像是收获了一年的幸福。

"二十八贴花花,二十九贴门口",腊月二十八吃过早饭,尽管天气十

| 我们的价值观 我们的中国年

《朝阳沟》年画　网友供图

分寒冷，我和弟弟就开始忙活了。父亲帮我们先用湿布将发黄的旧年画揭下来，母亲用面粉打着浆子。我把买来的新年画一一铺开，比划着按在墙上，用铅笔涂上标记。弟弟站在一米开外的地方，打量着是不是斜了，直到弟弟说"正好，正好"，我才在年画的重点部位糊上糨子，将年画贴在墙壁上。转眼间，屋内便洋溢出一派喜庆的节日气氛。

过年图个喜庆热闹，是乡下春节永远不会改变的主题。贴年画也有很多讲究，不是随随便便往墙上一贴就行了，更不能乱贴一气，什么样的年画贴在哪面是要讲规矩的。比如，连环画系列的只能贴在堂屋侧面墙上，那些领袖人物像和《鲤鱼跳龙门》、《欢天喜地过新年》等重大题材的年画，就必须贴在堂屋的正面墙上。

那时候，村子里识字的人还不多，有些老年人就央求我去帮忙贴年画。特别是挂中堂画，那是十分讲究的。有一次，邻居的二伯不识字，他托人在集市上买了一幅领袖像的中堂画，可人家却送了他一副拥军优属的大挂联。等我去他家串门时，发现两条对子还挂得上下颠倒着，我不得不又跑到集上给他调了一副合适的。

　　走亲戚时，进入每一家的屋内，都会看到一幅幅栩栩如生的年画。此时，我都会凝视半天，放开自己想象的翅膀。在这个迎春的时节，我仿佛正在聆听悦耳的泉水叮咚声，陶醉在鸟语花香间。特别是那些烙着时代痕迹的红色年画，给我留下了许多抹之不去的记忆。《智取威虎山》中的杨子荣、《沙家浜》中的阿庆嫂、《红灯记》中的铁梅，还有十大元帅的年画，一幕幕英雄形象呈现在眼前，给我以鞭策和激励。

　　如今，随着住房条件的改善，山水镜匾、十字绣、木版年画，还有一些装修高档的造型图案，早已成了许多家庭墙壁装饰的主体，使我们目不暇接，充斥着我们的眼球，丰富着我们的视觉，传统的年画也已渐渐走出了我们的视野。

　　又是一年春节到，尽管集市上还卖着各式各样的年画，可又有多少人有过贴年画的经历呢？每年在这个与年画相关联的节日里，那一幅幅曾经熟悉的年画，便荡漾着幸福的涟漪，与远离乡村的我在梦中相遇，那种绵绵不息的亲切的刻骨铭心，永远永远……

不仅仅是年的画

王亚军

年画给予新年的不仅是年味儿，更是沉甸甸的历史、文化和艺术。河南开封朱仙镇与天津杨柳青、山东杨家埠、苏州桃花坞、河北武强、四川绵竹等作为知名的年画地方流派的渊源地与集销产地，其木版年画已列入第一批国家级非物质文化遗产名录。如何传承好这些饱含"民族文化DNA"的民间美术形式，值得探讨。

悠久的历史

年画孕育于唐，成于宋，历经元、明、清诸代，不断发展充实。

民间对年画中门神、灶神的崇拜信仰，可以追溯至殷商。最迟在汉代，门神、灶神已形成艺术雏形。至隋唐，门神题材糅进了儒释道的文化色彩，且显露出世俗化的端倪。唐末、五代，具有年画内涵的绘画虽然不乏佳作，但未能形成独立的画种。直至北宋，城市的繁荣和手工业、商业的发达以及世俗文化生活的勃兴，为年画的发展提供了生存土壤。特别是雕版印刷技术的广泛运用，奠定了年画广泛传播的基础，木版年画得到发展，进而形成年俗。

北宋年间，年画作坊和经营"纸画儿"的"画市"涌现，不仅民间作坊遍布，京城也有官坊印刷，木版年画的发展成为必然。宋《东京梦华录》记载：

文明河南 暖暖新年

朱仙镇木版年画

"近岁节，市井皆印卖门神、钟馗桃版、桃符及财门钝驴、回头鹿马、天行贴子。"由此可见，当时东京汴梁（今河南开封）及周边朱仙镇等地木版年画的印刷及销售盛况空前。事实上，为保障大都市的年画需求，朱仙镇几乎是家家户户做木、制版、制色、造纸、印刷、售卖，分工明确，开馆舍店铺，搞长途贩运，生意兴隆。

北宋灭亡之后，自开封勃兴的木版年画形成了两大发展区域，南方以南宋都城临安为中心，逐渐向苏、闽、粤等沿海地区发展；北方以金都平阳为中心，向陕、冀、鲁等地区扩散。

元代，元曲对于戏曲年画产生了重要影响，反映男耕女织的"耕织图"等题材进一步发展。至明代，手工业的兴盛极大促进了年画作坊的繁荣。据记载，当时朱仙镇从事该行业的多达300余家，大商号招收工人过千，雕版

69

朱仙镇木版年画

几千套，木版年画远销各地。随着时代的变迁，人们对驱魔逐鬼的门神、钟馗的信仰日渐淡化，盼望五谷丰收、百福临门、子孙昌盛的思想日益浓厚，寓意吉祥的年画题材得到发展。

清代，木版年画不但开始吸收、借鉴西洋版画技法，还与戏曲、文学、音乐等相互渗透，形成了苏州桃花坞、天津杨柳青南北两大木版年画市场。清代中期，朱仙镇的部分商号迁入开封发展。清末，以石印机器印制的月份牌兴起，对木版年画构成了冲击。木版年画重回门神、灶神等众神题材，日趋萧条。

新中国成立后，政府发布《关于开展新年画工作的指示》，大量歌颂新社会、新生活、新思想的题材画样涌现。河南省开封市组织民间艺人成立了木版年画制作社。改革开放后，朱仙镇政府还成立了河南朱仙镇木版年画社等机构，先后挖掘、整理出200

余块年画老版,重新印制老版年画300多套,并编印了《开封朱仙镇木版年画精选》等书,做了大量的有益工作。

艺术的奇葩

具有独特地方色彩和淳朴风格的朱仙镇木版年画,是民间工艺美术中的一朵奇葩。鲁迅先生曾大量收集朱仙镇木版年画,并评价道:"朱仙镇的木版年画很好,雕刻的线条粗健有力,和其他地方的不同,不是细巧雕琢。这些木刻很朴实,不涂脂粉,人物也没有媚态,颜色很浓重,有乡土味,具有北方木版年画的独有特色。"

朱仙镇木版年画不但用色对比强烈,线条粗细反差大,还常常阴刻、阳刻交错,纯朴、厚实、健壮的艺术风格显露出中原文化特色。就人物造型而言,朱仙镇木版年画往往"头大身小",装饰效果浓厚;人物面部形象一般不打"红脸蛋",看起来自然和谐。动物造型艺术处理更加自由。例如,老虎的形象,传统民间工艺常处理为"黄老虎"或"红老虎",朱仙镇年画则创造性地处理成"紫老虎",且赢得了赞誉。

木版年画题材繁多,朱仙

朱仙镇木版年画

镇木版年画也不例外：第一类是神祇画，如灶神、天地神、门神等，最多的是以秦琼、尉迟敬德两位武将为主的门神；第二类是历史故事画，以民间传说、演义小说、戏曲故事为刻画对象，构图饱满，不用背景，以人物表情、动作展现故事情节，单纯而富有感染力；第三类是吉祥年画，多为娃娃、仕女，人物形象朴素、无媚态，生活气息浓厚。

在制作上，从画稿、雕刻、制色到印刷、装裱，朱仙镇木版年画约需二十几道工序，采用木版与镂版相结合，水印套色，先印墨线，而后印色。印版多采用吸水均匀、硬度适中、经久耐磨的梨木为原料，经过热蒸、火烤、上油等工序成为"熟版"后，再经人工雕刻而成。古代雕版不但线条优美，而且版边上雕刻有富有韵律的花边纹饰，仅雕版就已经是绝美的艺术品。

发展的道路

"美名在外，度日如年"，是目前朱仙镇木版年画的真实境况。虽然各级政府对其进行了多年的政策扶持，但目前整个朱仙镇木版年画印制规模仍不大，市场需求量小，同时掌握雕版印刷技艺的艺人也越来越少，传统的磨制方法已鲜为人知。

究其原因，一是从业动力不足，目前朱仙镇从事木版年画制作的仅剩下天义德、万同、天成、曹家等不足10家作坊，老字号能坚持长期开门营业的仅两三家，多数都面临后继无人的困境。二是创作、经营模式陈旧。内容陈旧、固守传统版本和制作工艺，无法形成大众化消费市场；小作坊经营，自我宣传缺位、经营被动，各字号发展定位不明；粗制滥造的情况普遍存在，使传统民间工艺的价值缩水。三是学术研究和学术互动不够，关于木版年画的学术研讨往往流于形式，浮于表面，不能深入木版年画制作工艺的改良及发展策略。

"缺了精神食粮的年画,过年就没有年味。"过年贴年画,依然为人们喜爱,关键是提供什么样的年画、什么内容的年画。传承与创新应相辅相成。这既需要考古工作者、博物馆工作者、非物质文化遗产传承人以及非物质文化遗产保护工作者,将最优秀的民族文化传统原汁原味地保护下来,深入研究其文化内涵和艺术价值,比如找回或复制散落民间的史料雕版、建立博物馆等,也需要艺术工作者、艺术经营者等潜心于创作和经营,更需要两个群体之间的互动,从而形成合力、激发活力。

年画之所以成为民众的所爱、春节的"宠儿",关键在于它的草根性。20世纪二三十年代,杨柳青、桃花坞等地已开始细分年画市场,传统年画销农村,创新年画销城镇。中国民间艺术家协会主席冯骥才在谈到如何让朱仙镇木版年画"活"起来时,也强调了两点:一是要把艺术还原成文化,把艺术功能转化为文化功能;二是要从传统市场进入现代市场,让民间文化进入现代生活。简而言之,木版年画的发展离不开立足于地域文化和时代特色的创作、经营。

作为独立画种的年画,不仅仅是"年的画",表达的也不仅仅是年的期盼。年画中,有与天地的交流,有对历史的回望、对祖先的怀念,有人们趋吉避凶的愿望,这些根植于中国人心灵深处和中国文化深处的艺术表达,是传承和发展年画的基点。

用优秀传统文化涵养核心价值观

杨 彦

文化是一个民族的血脉和灵魂。中华民族历经磨难而生生不息，中华文明跨越数千年仍朝气蓬勃，其秘诀就在于拥有博大精深的优秀文化。

以春节为代表的传统节日，与民族的历史几乎同等悠久，寄托着人们的美好心愿，承载了丰富的文化内涵。过好这些传统节日，就是在弘扬我们的传统文化，涵养我们的价值观。

然而，当时代的车轮行驶到今天，传承几千年的传统节日却遭遇前所未有的冲击：既有人们对传统节日"年味儿淡了"、"过节没意思"、"红包发得越来越大，人与人的关系却越来越远"的普遍感受，也有年轻一代对圣诞节、情人节等"洋节日"和"光棍节"等娱乐性节日的热情追捧……

原因何在？一是环境的极速变化，二是西方现代文明的强势介入，三是一段历史时期内我们对传统文化的忽视和冷落。

当前，随着人们价值追求的日趋多元，坚持社会主义核心价值观的引领显得尤为紧迫。毋庸讳言，传统文化中确实存在一些封建糟粕的东西，那是需要清除的；历久弥新的优秀文化成果，永远不会过时。任何文化元素，只有在中国大地上落地生根，与中国优秀传统文化融会贯通，实现"中国化"，才能为中国人民所掌握，用以指导中国人民创造美好生活的实践。唯有"植

2015年2月17日，郑州市二七区艺术小学美术社团的同学们借助木版年画的艺术形式，创作出一幅幅精美的吉羊年画，表达对生活的美好祝福。

王铮 摄

根于中华文化沃土"的核心价值体系，才能获得最广大人民的认同感和归属感。民族传统节日将成为涵养这一价值体系的重要载体，而其本身也需要得到传承、创新和发展。

我们的价值观 我们的中国年

乡愁
是一缕牵挂
是一份情思
是对美好未来的憧憬
故乡的人 沉淀在记忆中
有可敬的乡贤
有可亲的邻里
有可爱的小伙伴
故乡的山水 故乡的发展
让人骄傲
说起故乡
每个人都成了诗人

故乡的树　网友供图

谈谈咱的家乡变化

大河网友

话题背景

什么是家乡？家乡就是你一天骂八百遍却不允许别人骂一句的地方。

"美不美，家乡水；亲不亲，故乡人。"如果您身在家乡，或许对家乡的发展变化已习以为常，但对于一名游子来说，家乡的发展变化历历在目。

春节回家，您感受到家乡的变化了吗？大家一起来唠唠吧，唠唠家乡的山水，家乡的人。

网聚观点

变与不变家乡就在那里

◎大河网网友"一点山水"

今年回老家过年，感觉变化最大的莫过于村里人的文化生活越来越丰富了。记忆中的老家春节，买年货、贴春联、蒸馒头，年前是一个劲儿地忙，年后是一个劲儿地闲，除了走亲访友、看电视，几乎没有文化生活。如今情景大不相同了，村里建起了漂亮的文化大院，正月里这儿成了全村最热闹的地方。以前村头那些靠墙角晒太阳的老汉们现在聚集在娱乐室里下象棋、打扑克；大妈们一大早就随着欢快的"小苹果"跳起了广场舞；村里的年轻人也从初三开始，集中在村头的空地上加紧练习打锣鼓、扭秧歌、舞狮子、踩高跷，过几天他们还要代表乡里进城闹元宵。

◎大河网网友"牛玉峰"

现在春节，我们镇上还比较热闹，村里却变得越发冷清了。村里的年轻人在外面工作、在外面安家的多，春节时，回家过年的人也少多了，老人们都去城里找儿子、女儿们团聚了。春节我回家走了一圈，我们村今年在家过年的只有7户人家，还分散在几条沟里，寂静得很。村庄、道路、环境，还是十多年前的样子，越来越原生态了，唯一变化的是，到处都栽上了石榴树苗。回到家乡，虽然很冷清，但是仍然感到很亲切，站在路口的那棵大榆树下，看着久违的小路，看着熟悉的满山树木，看着儿时经常玩耍的那片草地，浓浓的乡愁涌上了心头，仍然感觉幸福满满的。

◎大河网网友"wyxsj"

作为一名在省外工作的河南人，每年春节回家都要路过郑州，回到焦作，回到村里。这几年，我亲眼见证了家乡发展的巨大变化。楼高了，路宽了，车多了，城乡更靓了。要说感受最深的，是交通越来越便利。桂林到郑州高铁的开通，让我回家的时间缩短了10多个小时；听说郑州到焦作的城际铁路今年也要开通，郑州到武陟才十几分钟，这样的发展速度实在令人兴奋。与此同时，我也亲眼看到家乡人民精神文化生活的巨大变化，以往的封建迷信活动正在消匿，代之以具有历史感和时代感的文娱活动，家乡人的精神风貌有了很大的变化。

◎大河网眼遇客户端网友"青梅ly-qwhmm"

我是一个河南人，河南在很多人眼里是个脏、乱、差的地方，没有云南的蓝天白云，没有广州的高楼大厦，没有江南水乡清澈的河水。什么是家乡？家乡就是你一天骂八百遍却不允许别人骂一句的地方。也许你会因为这里的交通而皱眉，也许你会因为这里的房价而烦恼，也许家乡比不上北京的文化底蕴，也许家乡不像上海那样是个国际化大都市，可是，那又怎样呢？一点儿也不影响我爱家乡，那个生我养我的地方！

家乡故事

树木与我们的村庄

◎大河网网友"南阳书生"

我们的村庄，不是在希望的田野上，而是在一片贫瘠的山岗上，即便如此，它也是那么的可爱、质朴、美好，它滋养了我们一代又一代的农家子弟——哪怕你长大后远走高飞，一去不返。

村子里原是有许多树的，听老辈人讲，过去从村子往西走，是过不去人的，丛生的树木拦着去路。打我记事，村里还有许许多多的树，皂角树、柘刺树、国槐、夹竹桃等，遗憾的是，这些值钱或者不值钱的树，被渐渐地"淘汰"出了我们的生活。

这次回去,西北沟——就是大堰沟的那棵老柿树也不见了,据说是有人嫌妨碍种庄稼,活活给烧死了。

我说不出内心里是怎样的一种悲凉。

经济法则影响着最偏僻的山村,那棵凝聚着几代人乡愁和记忆的老柿树也概莫能外了。我就记下村子里外一些标志性的树吧,算是一个记忆——留给自己、大家,也留给以后。

农民住上小别墅

◎ 大河网眼遇客户端网友"牛洪亮"

我出生在开封,很小的时候就知道,它有一个古老的名字——东京。东京梦华的鼎盛,让它世界扬美名。

离家的乡亲从外地归来,再也寻找不到那个破旧的村落了,呈现在他们眼前的是一座座漂亮的别墅。望着眼前这漂亮的别墅群,他们都不敢相信自己的眼睛,这真的就是自己的新家吗?这正是,离开故乡一两年,今朝归来面貌变。眼前别墅一排排,美丽新村俺家园。

开封市祥符区兴隆乡 网友供图

"羊倌"喜气洋洋

◎大河网记者 王书栋

家乡在豫东淮阳，那里沃野千里，民风淳朴。每年回家过年，都能看到家乡的变化、人的变化，这些变化就发生在我们身边，日新月异。

大年初三上午，坐在儿时玩伴王清华的羊场里，年轻的"羊倌"王清华说："我上大学不是为了当官，我养羊不是为了赚大钱，我的愿望是为农村的经济发展做一些贡献，同时也是对农村经济的探索和引导。通过我的探索，我希望更多的农民兄弟利用好农村的资源。既能让经济发展，又能减少污染，养殖业算是一件一举两得的好事。"

"咱地里啥都长，立根筷子就能长成大树。"说起今年的生活，王清华踌躇满志："我现在发展了近百只羊，都是优质的槐山羊，耐病害，肉质好。"经过多方协调，王清华准备在村里承包几十亩地，大干一场。由于前景看好，不少亲朋好友纷纷要求投资加盟。"我的目标不高，今年要发展到300只羊，如果1只羊能赚500元的话，那算下来就是一个不小的数字。"王清华说。

专家观点

根脉守望与价值重构

◎河南省社科院副研究员 李娟

乡愁作为中国人的一种文化印迹，是现代都市人对传统家园及乡村文化的回望与眷恋，是民众在城市化进程中产生的一种情感表达。如何在城市化进程中"记得住乡愁"，是一个重要的宏大命题。

一应加强保护。中国的乡村文化是中国文化的家园与根基，它承载着中国人的身份记忆，一定要采取多种措施努力保护"乡村记忆"。

二应加强传承。在现代乡村社会发展中，乡村文化逐渐失去了以往的传承载体，这要求我们善于积极开发新的传承载体，对乡村文化中的传统文化资源进行整理与发掘，并通过国民教育和推广普及等路径加强传承。

三应加强创新。现代乡村文化的重构需要根植于传统的文化道德观念以及农民现有的生活方式，逐步形成与城市化相适应并能够推动自身发展的道德、伦理意识，使农民真正能够获得新的身份认同。

"文明河南·暖暖新年"活动
浓郁河南味儿的饕餮大餐

◎网友"@老叶子的光影"

今年流行抢红包，但"文明河南·暖暖新年"主题活动也很抢眼，唱响了整个羊年新春。这里面既有丰富多彩的河南文化，也有精彩和感人的瞬间，是献给全球各地河南人的一份具有浓郁河南味儿的饕餮大餐。

巩义的乡村美景　网友供图

| 我们的价值观 我们的中国年

温暖冬天的照片

中原

雪后60多岁儿子和90多岁母亲自拍合影　朱伟民 摄

2015年1月30日,在郑州人民公园白雪皑皑的纯净背景里,一位男子拿着"自拍神器"与轮椅上的母亲合影。照片中的男子叫郭风岭,今年64岁,只要天气允许,他都会推着行动不便、已经94岁的老母亲郑玉贝出来散步,而拍照,是他最爱和母亲一起做的事。为给母亲拍照,他还从网上买来了年轻人最爱用的时髦"自拍神器"。

作为一个自由摄影师,朱伟民那天上午无意间抓拍到了这幅照片。大河报聚焦"雪后六旬儿子和九旬母亲自拍合影,这画面又被摄影师捕捉到",并以《也许这张照片能温暖整个冬天》为题作了深度报道,引发无数关注、点赞,戳中了不少人的泪点。中央人民广播电台《新闻晚高峰》栏目称之为"今日最美新闻人"。

用照片记录父母的点滴

孙华峰　王　佳

"翻开手机相册,发现都是吃喝玩乐的自拍照片,却没有爸妈的照片,更别说和爸妈的合影了,忽然觉得心里酸酸的。亲们,你们手机里有爸妈的照片吗?"

2015年2月10日,大河网网友在大河论坛发帖:天天自拍,是否拍过咱爸咱妈?

一时间,引起网友一阵热议。我们一天天长大,爸妈却一天天变老,今年回家过年,别忘了跟爸妈合影。定格亲情,留住父母的微笑,那就是儿女们一生的幸福陪伴,不要留下遗憾。

网友故事

◎大河网网友"忘忧草"

我的手机上最多的是自己的照片,在美图秀秀的功劳下,张张可谓美丽动人。其次,便是女儿的照片,各种pose,各种可爱状,让我每每翻阅,乐不可支。最后就是老公的照片或全家福,那种幸福无与伦比,让人羡慕。现在才发现,竟然没有一张父母的照片!真的有些惭愧。今年春节回家,我一定要多为爸妈拍照。他们日渐苍老,岁月的磨砺,让爸妈双鬓斑白,满脸皱纹,但在我的心里,他们永远美丽可爱!

| 我们的价值观 我们的中国年

送你一支玫瑰花 霍豫闽 摄

◎大河网网友"二愣醉酒"

还真是,手机里尽是自己的照片,从来没有为爸妈拍照或者跟爸妈合影。惭愧!

◎大河网网友"尘埃落定"

看着我家20年前的全家福。那年我还小,那年,他们还年轻,有多少年,没跟爸妈合过影,我自己也记不清了,马上就要过年回家,以后争取每年过年都和爸妈合个影。

◎大河网网友"甜蜜的见证"

在电脑和手机里,竟没有一张全家福。最近一次合影,是我初三毕业全家去北京玩时照的,后来再也没陪爸妈出去旅游过,也没有拍过合影,其实学业重、工作忙都是借口,拍张照片的时间,总能抽得出来。这次趁着过节,抓紧机会做点补偿。

◎大河网网友"stevenslou"

临近春节了,看到论坛的这个主题不禁添了几丝愁绪。好怀念几年前妈妈每到年关就忙忙碌碌的身影,最终成全一次全家人的大聚会。自从妈妈走后,过年再也没有原来的欣喜和愉悦了。看着自己的宝宝逐渐长大,更能体会到身为父母对孩子的那份舐犊之情,也更为怀念那些妈妈在时的美好时光。在这新春之际,希望朋友们敬上一杯真挚的酒,祝父母安康长寿。

家的味道　网友供图

◎大河网网友"葡萄是酸的"

拍过啊,跟妈妈一起自拍,发现自己跟妈妈长得好像,想爸妈的时候就会翻开照片看看他们,现在拍照不都用自拍杆吗?我也买了个,过年回家给爸妈拍照,让他们也"洋气"一回。

◎大河网网友"草包书生"

这个帖子让我想起初中一个同学,她爸爸当兵,很少陪在她身边,但每年都会替她拍一张照片,上面写上年份、地点及寄托的话。后来,她爸爸去世了,同学就拿着那一张张曾经的黑白照,跟我们说他的故事。毕业后的辛酸,让我相信,就算你在人生最低谷,就算你觉得自己最卑微,父母也永远不会抛弃你,怀疑你,鄙夷你。是爸妈创造了我们,创造了这个温暖幸福的家。过年回家的日子里,我要用照片记录他们的点滴,留住父母的"青春"。

◎大河网网友"欲飞的猪"

我在农村长大,犹记过去,拍全家福只是农村大户、有钱人家的事。会拍照的人不多,那些走乡串户以拍照为生的人也备受尊敬。谁家邀请其拍照,除了要给拍照费用外，还要请吃饭。

或正因此，即便是现在日子好过了，拍照工具方便了，农村老一辈们仍没有习惯拍照，面对镜头，他们多少还是有些不自在。抛却这些因素，在当今的农村，年轻人大多都在外拼搏，一家人想要团聚在一起拍张合影，还真不是件容易事儿。

我家也不例外。在我结婚那天，送走亲朋好友后，我提议拍一张全家福。那张全家福，是我们家人员最齐整的一张全家福。一年后，全家福上的奶奶便走了……

全家福　网友供图

文明河南　暖暖新年

百岁夫妻李清宪和郭秀英　吕达 摄

百岁老人见证春节变迁

魏 涛

祭灶、扫房子、煮肉、蒸枣花……羊年春节在即，浓浓的年味儿蔓延在新乡的大街小巷，买对联、买烟花……市民们用各种方式庆贺新年的到来。老人们年轻时是怎样过年的？老人们又是怎样看待春节的？近日，记者走访了封丘县居厢乡大李湾村的百岁老人李清宪、郭秀英夫妇，听他们讲述百年时光荏苒间那些关于过年的故事。

李清宪出生于1908年，今年107岁，郭秀英出生于1907年，今年108岁。两位百岁老人已共同度过了80多个春节。如今，以前每年怎样过春节两位老人还依稀记得，印象最深的几个春节，仍历历在目。

"那时候哪有白面馍，吃个纯高粱面馍就非常不错了。"提起小时候过春节的情形，李清宪说，那时他和他父亲两个人给别人打长工，日子过得非常苦，一年到头，只有过年时才去买1.5公斤油。吃的都是杂粮面，更谈不上燃放鞭炮了。

郭秀英老人说，小时候既想过年，又害怕过年，心里很矛盾。想过年是因为过年能吃一顿好吃的，怕过年是因为没有钱买年货。

"穷，没钱，哪像现在，想吃啥买啥，想吃啥做啥。"李清宪说，记得有一年过年时，他妹妹最大的愿望就是能吃一个纯高粱面做的馍。有一次，年三十他们吃的是绿豆面包的饺子，每人只能吃10多个，根本就吃不饱。

"每年吃肉都是有数的。"李清宪说，那时候，只有过年时，他的父亲才会买一点儿猪肉。他记得最清楚的是有一年过年时，他父亲破天荒地买了2.5公斤猪肉。

到了20世纪80年代，平常吃的饭就比以往过春节时吃得好了。弄几个菜，喝上几杯酒，日子过得是越来越好。每年过春节不仅有好吃的，也有好看的，到80多岁时，李清宪和郭秀英就能看到中央电视台的春节晚会了，那时是他们第一次看电视，感到非常奇怪和高兴。每年春节，子孙都会陪着他们一起吃饭，看春节晚会。

"我想100年也想不到现在能过上这样的好日子。"郭秀英老人说，现在每天吃的不重样儿，她感到很满足。

李清宪说，儿孙们外出打工、做生意挣钱，粮食丰收，生活像芝麻开花节节高。以前一年到头很少有肉吃，如今餐餐有肉吃，天天像过年。

"现在的农民过年，有钱、有吃、有穿、有住、有看、有玩，真幸运。"李清宪夫妇说，共产党好啊！好生活他们都过上了，活了100多岁还嫌不够，还想多过几十个春节呢……

孤儿的新年

杨万东

2015年2月6日，一份价值5万元的教育成长基金保险单寄给了南召县太山庙乡刘村的孤儿孙青龙。这份羊年前的"大礼"，让刚刚遭遇不幸的他虽身处寒冬却感受到了暖暖的爱意。

父母去世，留下了孤儿姐弟俩

今年13岁的孙青龙就读于南召县兴云中学。6岁时，母亲因故去世，父亲一直瘫痪在床，年幼的青龙便用稚嫩的肩膀支撑着这个苦难的家庭，还是个孩子的他挑起了全家的重担。多年来，他用一双稚嫩的双手，照顾着父亲和患有智障的姐姐，洗衣、做饭、养鸭、喂鸡这些活也都由他一个人干。至今，他家还住着土坯房，家里唯一的电器是一台14寸黑白电视机。因为曾经休学在家，13岁的孙青龙目前刚上小学6年级。他说自己最大的愿望就是上学挣钱，养活姐姐。

兴云中学校长李翔告诉记者，孙青龙平时学习很认真，与同学们相处也很好，是一个很懂事的孩子。

令小青龙雪上加霜的是，今年年初，孙青龙的爸爸也因病去世了，留下了13岁的小青龙和他15岁的智障姐姐。寒冬中，孤儿姐弟还穿着单薄的衣服，吃饭也成了问题。

爱心接力，素不相识的人捐款捐物

南召县云阳镇爱心人士王淑桂得知这一情况后，将这个不幸的故事透露给了媒体，引起社会广泛关注。

远在北京《中国教师报》工作的南召籍人士褚清源得知这个情况后，立即在自己的微信朋友圈为孙青龙募捐，短短半月时间就募集到了8万余元善款。

褚清源说，在微信上看到孙青龙的事情后，立刻被震动了，现在大家的生活条件都好多了，没想到还有这样不幸的孩子。

从事教育媒体工作的他圈中好友大部分都是民办学校的董事长或者校长，微信转发后，引起大家的爱心捐赠，一场自主发起的爱心救助行动由此展开。广东江门博雅学校董事长谭昌永第一个捐出1万元；洛阳市西工区教体局党委书记李艳丽了解到这一情况后，在全区开展了"爱心接力，救助孤儿孙青龙爱心捐款"活动，共募捐善款3万余元；河南少年先锋学校六年级的王峙岳从爸爸的微信里得知孙青龙的情况后，捐出自己的1,000元压岁钱帮助这个素不相识的同龄孩子。短短几天，捐款近8万元。还有一些不愿公开姓名的爱心人士给孙青龙姐弟寄去了新买的棉衣。与此同时，郑州一中经开区实验学校的负责人表示，可以免费接收其到郑州就读，并一直资助到大学毕业。

1月22日，褚清源与爱心人士一起，购买了年货，赶到了南召县太山庙乡孙青龙的家中，将《中国教师报》全体员工捐出的6,000余元善款递到了小青龙的手中。同行的开封小桔灯作文学校校长白云凤也给孙青龙送去了年货礼品，并进行现场捐款，鼓励小青龙勇敢面对今后的生活和学习。

"还有这样不幸的孩子生活在我们身边，令人心酸，但小青龙很坚强，希望他今后能乐观地面对生活。"白云凤说，全国各地素不相识的人们都自发为小青龙捐款捐物，这说明我们的社会是一个充满爱心和正能量的社会，相信小青龙会在爱心人士的关心及关怀下，感受到社会大家庭的温暖。

在此之前，已有爱心机构为青龙募集了9万余元善款，每月给他支出1,000元生活费。他所在的南召县太山庙乡政府也时刻关注着孙青龙家的情况，及时为他和姐姐申请了孤儿生活救助金，解决了不少实际困难。他所就读的南召县兴云中学为他免除了学杂费，学校所在的云阳镇政府、工会等单位也为他送去了救助金和衣被等物。

温暖传递，救助当地另一个孩子

鉴于孙青龙的生活已得到保障，褚清源经与其堂哥协商，并征得部分捐款人同意，决定用其中的5万元善款为小青龙购买一份教育成长基金保险，在他今后教育的关键节点上支取一定金额的现金，以保障他接受完善的教育。

温暖还在传递。在给孙青龙送善款的过程中，褚清源从当地爱心人士那里得知，就读于南召县太山庙乡罗汉小学3年级、9岁的刘富磊，其父亲在外打工时出现意外事故丧失劳动能力，母亲离家出走，目前他与82岁的爷爷一起生活，家庭生活极度困难。由于孙青龙的生活已经得到较好的保障，经过与部分捐款者沟通，褚清源决定将剩余的近3万元捐助给刘富磊，让他过上一个暖暖的新年，并给这个不幸的孩子营造一个温暖的世界。

"三只羊"过年

尹海涛 曾令菊

杨万义出生于商城县,兄弟姊妹7个,家里生肖属羊的就有3人。他和哥哥及侄子"三只羊"分散在不同的地方,对年的感觉也各有不同。但有一点是共同的,他们都喜欢在商城县的老家过年。

"第一只羊":海外8年,回乡过年流下眼泪

48岁的杨万义腊八那天去美国了,他的妻子和孩子都在那边。羊年春节,他们3口人打算在美国过。在去美国之前,他把在郑州的家人召集在一起吃了顿饭,说是提前过年;打算正月初八回来再聚,给大家拜年。

10多年前,杨万义以交流学者的身份到美国学习,后来他在美国的一所大学教书。初到那里,他有种种的不适应,包括语言、文化、习惯等各个方面。每逢中国传统节日,他都更加思念国内的亲人,思念遥远的故乡。

8年之后杨万义才返回国内,回国那年春节,他在老家过年,当传统的祭祀开始时,他忍不住流出了眼泪。

最近几年,杨万义频繁往来国内外,进行学术交流。在家过年的次数也多起来。杨万义在美国认识了一些华人朋友,如果不在国内过年,他们就会相约在一起做中国菜、包饺子,一起看春晚,还互相给孩子送压岁红包。

杨万义的孩子5岁时就到了美国,他在美国念书,现在中文说得很吃力,

即使在家里，他也习惯了用英语交流。不过，他对中国的传统节日印象深刻，父辈的乡愁感染了他，中国的节日他都能说得清清楚楚。

这么多年来，杨万义目睹国内的经济变化，感慨颇多。在他眼里，国内经济体量变得更加巨大，全国各地发生了天翻地覆的变化。他的家乡也不是以前的穷样子，想想这些，内心就充满温馨与期盼。

"第二只羊"：千辛万苦，再苦也要回家过年

36岁的杨自刚是杨万义的侄子。他大学读的是煤炭专业，毕业后到新密市的一家煤矿工作，一干就是10多年。他常常自嘲说，随处都是"草场"，他这只羊到哪里都好养活。

杨自刚刚毕业的时候，回家过年都是从新密乘中巴车到郑州市内，然后换乘公交车到郑州火车站乘火车，到信阳市后换乘中巴车到商城县城，之后再乘三轮车回到山村。仅单程就需要一天的时间。如果过年回他妻子的娘家，路上的时间更长，他妻子的娘家在山西农村。每次过年往返，他和妻子都经历着非同寻常的辛苦。不过按他的话说，再苦也要回家过年。

几年前，杨自刚添了一辆十多万元的私家车，这让回家过春节变得容易多了。从新密出发，6个小时就能回到自己的老家，8个小时就能回到山西的妻子家。有时候，他带着妻子和孩子在商城县过年，初二驱车前往山西。一个春节两地兼顾。这种过法以前他想都不敢想。

回家过年的方式见证了杨自刚的经济收入，他的工作经历见证了近十多年来国内煤炭行业的走势。20世纪90年代末，国内的煤炭行业不景气，杨自刚的收入非常低，吃住行的条件都非常艰苦。

随着煤炭行业好转，他的收入也增加了不少，后来又住进单位盖的新房

子,之后又买了轿车,生活步步高。他说:"只要坚守和努力,日子就会越来越好,过年的感觉也越来越好。"

"第三只羊":留住孩子的心,留住故乡的情

60岁的杨万江土生土长在老家,是杨万义的哥哥,平时很少出远门。他乐于坚守在这片土地上,日出而作,日落而息。

杨万江有3个孩子,大儿子在郑州做快递,小儿子在深圳当公务员,女儿在杭州的一家面包店打工。平时孩子们很少回来,过年时,孩子们齐聚到家里,平时显得冷清的家一下子热闹起来。

年轻时,杨万江曾经到科威特搞了两年建筑,这给他积累了第一桶金。回来后,他成为村里第一个盖楼房的人。这么一段岁月,让他感觉很自豪。他常常跟人谈起这段经历。

杨万江家有5亩田,种水稻、芝麻、油菜等许多农作物。杨万江种庄稼是行家里手,每年都有不错的收成。遇到农忙的时候,杨万江和妻子干完自家的农活后,还会帮助邻居干活。几年前,邻居之间帮工还是免费的,中午和晚上管饭就可以了。最近几年来,邻里帮工也开始付费了,每天大概是100元。这个标准参照的是外出打工的收入。这是市场经济时代的产物,并不影响邻里间的温情。

2014年,杨万江翻修了厨房和厕所,还专门修建了洗澡间,安装了太阳能热水器。他希望和妻子一起享受城里人的生活,孩子们回家过年也能有更好的生活条件。"留住孩子的心,留住故乡的情。"

一个小小的梦
对于圆梦使者
可能只是举手之劳
而她的实现
在圆梦者那里
可能就是天大的幸福
在孩子眼里
您就是世界 您就是天使
春天里播下的种子
金秋会有十倍百倍的收获

穷人的孩子早当家,可这种"小当家"总让人泪汪汪的。

再过十几天,就是春节了。别的孩子穿新衣戴新帽,甚至还有双飞出国游,但他们有的只是在自己生活轨迹中,如成人般的日出而作、日落而息。

一件新衣、一个玩具、一份美餐或一笔学费……这些在普通人看来触手可及的愿望,对于他们却是一件奢侈品。但梦想还是要有的,万一哪天实现了呢?无论您是普通市民,还是企业掌门,只要您愿意认领一个梦想,并帮助孩子实现,都可以加入活动。如果您身边也有渴望实现春节梦且家境贫寒的孩子,同样可以把他(她)的故事告诉我们。谨以下面一组圆梦故事,温暖这个冬天,带来一个暖暖的新年。我们为花儿圆梦,我们为爱心点赞。

|我们的价值观 我们的中国年

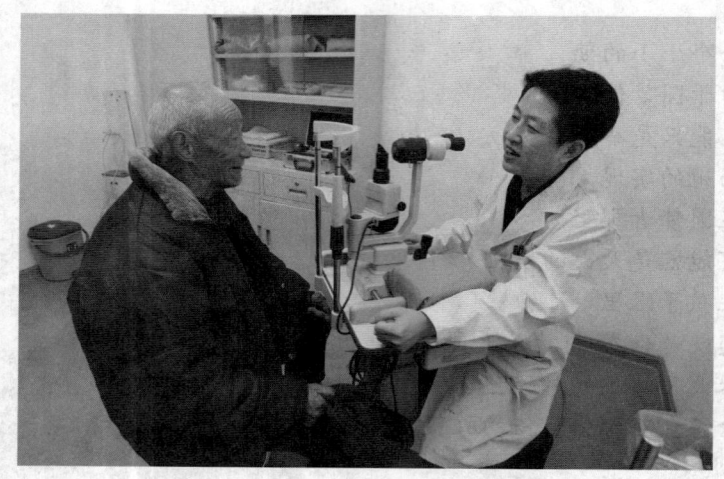

了解病情 李康 摄

圆梦故事

我想让姥爷重见光明

贺笑天 刘瑶 李醒

有梦想的孩子: 张冀敏

年龄: 10 岁

新年愿望: 只想要一件暖和的棉袄,好让自己在卖报时,能稍微暖和点。她说,身上穿的这件棉袄,是3年前妈妈买到的打折衣服。

兄妹俩想穿上暖和的棉衣
更想让姥爷重见光明

2015年3日晚7时10分,郑州市西大街与南下街交叉口,人来人往。一辆破旧的烤红薯车,停在路口西南角,鲜有人问津。

寒风中,10岁的张冀敏缩着脑袋,站在烤红薯车旁,不停地搓着双手取暖。"俺爸身体不好,我过来帮帮忙。"言语中,小姑娘流露出与实际年龄不相符的成熟与稳重。

在父亲张水燕眼中,冀敏是一个非常懂事的孩子,不仅孝顺,学习上也很少让他操心。"明儿就考试了,她仍要来帮我看摊。"张水燕无奈地说,自己患有糖尿病,平时脚疼得要命,不能站太久。"每天收摊,都是孩子们帮我推车。"听到父亲在自责,冀敏赶紧安慰他说:"我都复习好了,考试

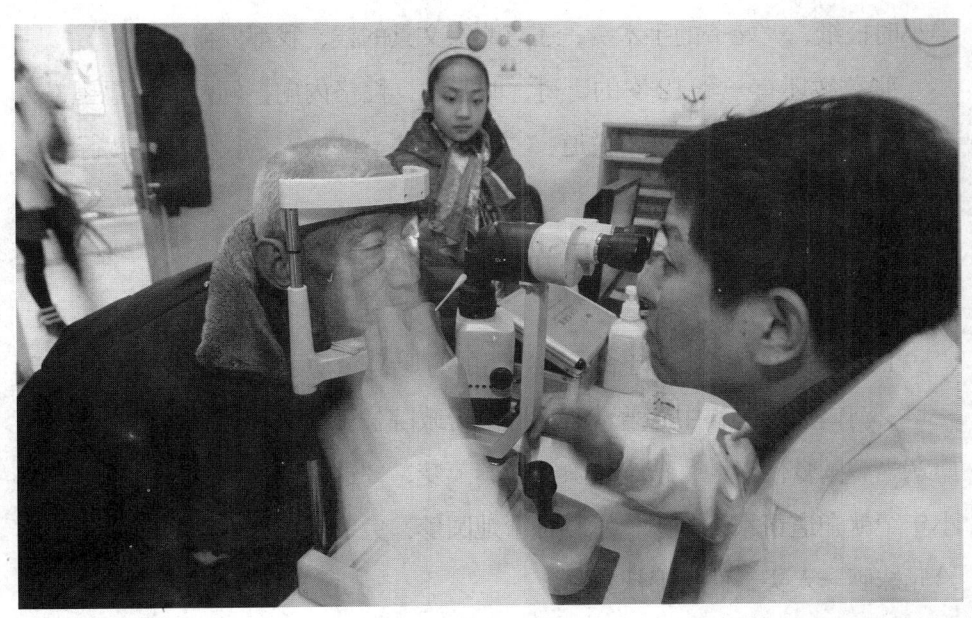

眼部检查　李康　摄

肯定没问题。"

这个红薯摊不远处是由妈妈李春枝经营的煮玉米摊,这是张家所有的收入来源,而这些钱,还远不够张水燕平日治病的开销。"现在孩子他爸连胰岛素都打不起了。"李春枝说。

穷人的孩子早当家,冀敏早在3年前,就当起了大河报小报童,她想通过自己的努力,减轻家庭生活负担。去年暑假,两个月时间,她足足挣了4,000多元。不过,孝顺的冀敏把挣来的钱都存了起来,因为她想给姥爷攒手术钱。

冀敏76岁的姥爷,2014年患上双眼白内障,现在几乎丧失视力。"如果不是因为我不小心,姥爷可能早就好了。"提起姥爷的病情,冀敏很愧疚,去年8月底,自己一次意外的受伤,花光了所有积蓄,"玩时,我的手指被划断一截,住院需动手术,挣来的钱一夜之间就没了,心里真不是滋味。"

几个月前,手伤还未痊愈,冀敏便作出一个新决定:白天上课,中午卖半小时报纸,"姥爷的手术费,还有购买文具的钱,我都要自己挣。"

张冀敏还有一个12岁的哥哥,叫张帅,性格内向,问及新年愿望,久久不愿开口。最后,才低声说道:"我也想要一件棉衣,只要能穿就行。"

让姥爷重见光明的心愿要实现了

10岁的张冀敏想让姥爷重见光明的心愿,牵动了很多读者的心。昨天一早,河南大学眼科中心普瑞眼科医院行政院长王利刚就打来电话说,他们愿意当"圆梦使者",帮小冀敏实现春节梦,"这个小姑娘真的很懂事,小小年纪就知道帮家人分担,所以想帮她圆梦,免费给老人做白内障手术,再给兄妹俩一人买一件新棉袄。"

当记者把这个好消息告诉冀敏的母亲李春枝后,她不敢相信自己的耳朵,

"这是真的吗？我爸真能重新见到光明了？"嘴里一直重复着这句话，"真是太谢谢你们了！"

昨天下午，冀敏和哥哥搀扶着姥爷来到了普瑞眼科医院。老人左眼怕光，边走边拿毛巾擦拭眼泪。医院给老人开设了绿色通道，经过一系列检查后，业务院长、主任医师王亦儒告诉记者，老人左眼几乎丧失了视力，而且眼皮松弛严重，一大半眼球已被遮挡，医院打算今天就给老人的右眼做白内障手术，左眼还要进一步检查，"不管咋说，要先保证老人的生活质量。"

检查过程中，懂事的冀敏一直陪伴在姥爷身边，给姥爷打气鼓励，不要害怕动手术。"让姥爷重见光明是我最大的心愿，现在终于要实现了，心里可开心。"冀敏笑着说。

手术很顺利姥爷今天就能重见光明

圆梦对象：张冀敏

圆梦使者：河南大学眼科中心普瑞眼科医院

在爱心单位的帮助下，冀敏的姥爷如愿走进普瑞眼科医院的手术室。"俺激动得一宿没睡。"手术室外等候的李春枝兴奋地不知该说啥好。"这两天，俺爸一直嚷嚷，这好事儿咋让俺遇上了？"李春枝说，医院还免费提供三餐和水果，医生晚上去查房，"给俺爸打气，让他别紧张。"

50分钟后，在医护人员的搀扶下，老人走出手术室。天不亮就从家赶来的冀敏和哥哥激动地冲了上去，抱着姥爷久久不愿撒手。主任医师王亦儒告诉记者，老人的手术很顺利，今天就能摘下纱布重见光明。"一点不疼，就是有点紧张，我可激动，想早点看到孩子们。"老人说。

| 我们的价值观 我们的中国年

圆梦故事

送件棉衣，您就会成为她的"天使"

贺笑天　刘瑶　李醒

有梦想的孩子： 苏天赐

年龄： 6 岁

新年愿望： "春节我最想要的是一件红色外套和贴画本。其实我还想要一个听诊器，那就能给妈妈看病了。"过了一会儿，苏天赐又说，"我最喜欢唱歌，我想跟老师学，然后唱给妈妈听。"

最爱妈妈　李康 摄

幸福的家庭是相似的，不幸的家庭却各有各的不幸。在郑州市长江路上的一个小区内，39岁的马慧君坐在轮椅上看着女儿苏天赐蹦蹦跳跳，笑脸回应着，心里却在流泪，"我说没就没了，她可怎么办？"

肌肉萎缩性脊髓侧索硬化症，俗称"渐冻人"，再过半个月就满6岁的苏天赐不知道，就是这么拗口的病，让妈妈变得跟别人不一样。马慧君尽全力想让女儿远离这可怕的一切，永远无忧无虑地生活下去。

为了女儿，倔强的马慧君不愿向命运屈服，"要是有好心人愿意帮忙在郑州找个门面房，我和她爸做点小生意，天赐也许能生活得好点。"

苏天赐嗓门洪亮，见人就笑，是个开朗的小姑娘。马慧君却悄悄地说，天赐是从爸爸回家之后变得爱笑了。"我没法走，幼儿园的活动我只能让她爸代替我，抱着她跳舞什么的，她爸回来后带她玩'爸爸奔跑'，她高兴坏了。"

"爸爸把我举得最高，老师奖了我贴画呢！"天赐敞开嗓门大声说。

"春节礼物？"听到这四个字，天赐眼睛放光，从10个贴画本，到红色的新棉衣，再到能给妈妈看病的听诊器，她一口气说了好几个心愿，"其实我最想让妈妈抱抱我。"

在家收到了最喜欢的贴画本和红色棉衣

圆梦对象： 苏天赐

圆梦使者： 河南省福兴儿童基金会

苏天赐想要贴画本和一件新棉衣的春节梦想被"圆梦使者"河南省福兴儿童基金会认领。昨天下午，基金会的工作人员专门到天赐家，送去了她最喜欢的4本卡通贴画本和一件红色棉衣，还有最温馨的春节祝福。

| 我们的价值观 我们的中国年

圆梦故事

他想拥有一台学习机

贺笑天 刘瑶 李醒

有梦想的孩子：陈帅

年龄：10岁

新年愿望："我想要一台学习机，每次到超市都要到卖学习机的柜台去看看。"

患自闭症的他想要一台学习机，这样就能更好地自学了。

再过十几天就是陈帅11岁的生日，同龄的小伙伴这时都应该想着向爸妈要生日礼物了，但陈帅的爸爸妈妈却不知道身在何方。由于患自闭症，爸妈不愿抚养，从10个月大，陈帅就开始跟着奶奶张朝敬生活了。"孩子记事起就没见过妈妈，2010年之后，他爸爸也再没出现过"，奶奶说，"孩子现在经常问'爸爸什么时候回来'。"

虽然得不到爸妈的爱，但陈帅有一个特别疼爱他的奶奶。72岁的张朝敬说："孙子就是上帝赐给我的宝贝。"10年来，爷爷奶奶带着陈帅住在郑州丰乐路的一个家属院里，经济来源就是老两口一个月两千多元的退休金，除了3个人的衣食住行和陈帅每月650元的学费外，还要应对一些突发状况。"去年骑电动车接陈帅时不小心摔倒了，右胳膊和手腕到现在也没好透。"奶奶无奈地说。为了让陈帅能过上正常孩子的生活，去年张朝敬甚至借了5万多元带着他到沈阳看病。

现在的陈帅比以前开朗多了,去年圣诞节还参加了社区里的圣诞晚会,"表演了4个节目。"奶奶自豪地说。

在奶奶的帮助下,陈帅学会了背乘法口诀表、写日记,还会做简单的数学题。对同龄人来说,这些也许都很简单,但对陈帅来说却难上加难。陈帅读的是特殊学校,老师只教基本的自理能力,不教文化课,他只能靠奶奶在家教和自学完成。

暖暖的爱心　白周峰　摄

聊到新年愿望,陈帅说:"我想要一个学习机。"电视里各种各样的学习机让陈帅羡慕不已,每次到超市,他都要到卖学习机的柜台去看看,"叫都叫不走",奶奶说。

孩子想要的学习机,好心人今天就去买

圆梦对象:陈帅

年龄:10岁

圆梦使者:刘先生

陈帅想要一台学习机的春节梦想被"圆梦使者"刘先生认领。刘先生说,

今天他就会与陈帅奶奶联系，确定完学习机的型号，马上就去买，给陈帅送到家，"孩子挺可怜的，自己有能力，就帮他一把，也算是做件好事儿。"

当陈帅的奶奶得知有好心人愿意给孙子送台学习机时，"谢谢"二字一直挂在嘴边，"我真的不知道该咋感谢刘先生。"陈帅奶奶说："不要太贵的，买个便宜的，孩子能用就行。"

爱心点评
冬天里，那一股暖暖的春意

◎大河报副总编辑 刘书志

这是一组"小"稿子，呈示的却是大社会。

"中国梦"是每一个个体、每一个家庭梦想的组合体，个人和家庭的幸福融汇成为社会的和谐，而弱势群体幸福指数的提升推进着社会幸福指数的增长。圆梦，就从这最基本层面做起吧。

在这个意义上说来，"中国梦"即是"家国梦"。

这组稿子的价值正在这里。媒体的正能量传播功能得以充分的展示，圆的是几个孩子过年的"梦"，带来的是几个家庭新年的快乐，推动的是一个社会的暖暖爱心，拨动了所有人内心那根柔软的琴弦。

看到这组报道后面那张爱心企业请孩子们团聚的图片，令人欣慰——一组报道和社会的互动完成了，梦，圆了！暖暖的新年，暖暖的社会。

圆梦行动能圆梦，每一个圆梦行动必将托举起大大的"中国梦"。

让核心价值观融入社会生活

黄相怀　洪向华

培育和践行社会主义核心价值观，一个根本的问题是，如何使其被人们广泛认可和接受，进而内化于心、外化于行。

新中国成立以来，河南新乡涌现出包括史来贺、郑永和、吴金印、刘志华在内的一大批先进人物与群体。通过对新乡先进群体现象的研究，我们发现，培育和树立可亲、可敬、可学的先进英模人物，借助于他们的人格魅力，在全社会形成践行社会主义核心价值观的舆论氛围，是弘扬和培育社会主义核心价值观的有效途径。

解决"信不信"与"服不服"的难题

在新乡先进群体身上，人们看到的是全心全意为人民服务的公仆群像，权为民所用、情为民所系、利为民所谋的公仆情怀，不怕困难、苦干实干、廉洁奉公的公仆精神。这些形象和精神，成为了他们践行社会主义核心价值观的最好证明，深刻解决了社会主义核心价值观可信与不可信的问题。

史来贺说："如果不能使人民生活越来越好，那就是没有尽到共产党员的责任！"吴金印率领狮豹头公社的干部群众向石缝要土，在荒山造田，15年造地2,400亩，植树20万株。他说："老百姓养鸡为下蛋，养猪为过年，

| 我们的价值观 我们的中国年

养狗为看家护院,养我们干部为了啥?"范海涛任南李庄村党支部书记以后,先后投资2亿多元,为全村351户村民无偿建设了"别墅"、建材市场、农贸市场、社区养老院,妥善解决盖房难、增收难、养老难的农村"三大难"问题。他说:"我做的一切不图回报,只为群众能说共产党好。"

就是经由这一件件实事,一句句朴实无华的话语,让人民群众深刻地感受到鲜活的社会主义核心价值观。

解决"有没有用"和"认同不认同"的难题

社会主义核心价值观有什么用?这是培育和践行社会主义核心价值观必须认真回答的根本问题。习近平总书记指出,培育和弘扬核心价值观,有效整合社会意识,是社会系统得以正常运转、社会秩序得以有效维护的重要途径,也是国家治理体系和治理能力的重要方面。

有效整合社会意识,就是要通过先进人物的事迹影响人民群众,带动人民群众坚定对党的理想信念,并发挥先进典型的"名片效应",带动越来越多的人弘扬社会主义核心价值观。

新乡的新老典型对党的政策的把握和运用,对党的宗旨的践行,都能让老百姓看到希望,对党充满信心,从而坚定了对党的信仰。在他们的影响和带动下,人民群众自觉践行社会主义核心价值观的

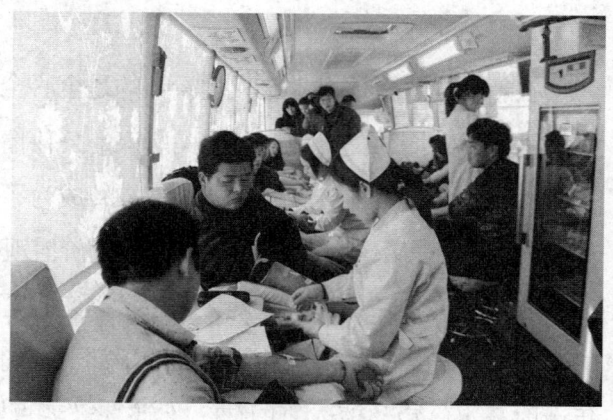

春节期间,市民义务献血　樊珂 摄

浓厚氛围已经形成。同时，在新乡先进群体精神的感召下，全社会形成了崇尚先进、学习先进、争当先进的良好风尚，广大干部群众自觉践行社会主义核心价值观，见贤思齐、向上向善、文明和谐蔚然成风，全市学雷锋志愿服务总队注册志愿者达 10 万人，3 人被授予"全国道德模范"、4 人获得"全国道德模范提名奖"，40 人入选"中国好人榜"。

解决"实不实"的难题

习近平总书记指出，一种价值观要真正发挥作用，必须融入社会生活，让人们在实践中感知它、领悟它。要注意把我们所提倡的与人们日常生活紧密联系起来，在落细、落小、落实上下功夫。

这就是要解决思想领域"实不实"的问题。解决"实不实"的难题首先要有实践载体，通过实践载体深化社会主义核心价值观的践行。新乡市委在培育和践行社会主义核心价值观方面，准确把握内在规律，巧妙抓住"牛鼻子"，更加注重参与式学习、体验式感化，大力开展"我们的价值观　我们的中国梦"主题活动，以及以重孝道、行礼仪、尚勤俭、讲诚信、献爱心等为主题的大型道德实践活动，极大地提升了新乡市民的广泛参与度，通过活动赢得了民心，做到了社会主义核心价值观在群众中入脑、入心。

只有在"细"与"小"中体现"实"，才能于细微处践行核心价值观。新乡市委在全市开展"文明知行五个一"活动，以"每天送一个微笑，每周行一件善事，每月读一本好书，每季陪一天父母，每年做一项公益"的具体行动化巨为细，从而促进了市民的核心价值观养成。在农村开展"美丽乡村、美好乡风、美满家庭、美善人生"为主要内容的"四美"活动，促进了乡风文明，使社会主义核心价值观在农村落地生根。

我们的价值观 我们的中国年

火红的灯笼挂上门楣
爆竹声里春风温柔地吹
铺展的往昔
曾困顿
曾青涩
曾贫穷
曾寒酸
珍藏的日子
有团圆
有幸福
有期盼
有温暖
春节已成为
一个民族共同的记忆

春节浚县庙会表演　网友"清风太极"摄

唠唠我们的年味儿

大河网友

20世纪50年代：看着一碗肉过了年

　　长辈们说，在早先贫寒的年代，农村过年时候通常会买半斤肉，煮熟了放在碗里，但这是不许吃的，必须等着招待客人。

　　亲戚来了，就会弄一桌菜，这碗肉就是最硬的当家菜了。主宾谦让一番坐下，主人用筷子点着肉碗说请用请用，然后自己夹旁边的蔬菜，客人也只能跟着吃蔬菜。如果客人果真吃了肉，那就会被认为不懂礼节、缺少家教。

你这样一吃,明天再来的客人咋办?

客人通常也是礼貌的,一面寒暄,一面绝不动用这块肉。即使随行的小孩,也早被警告,不得擅自吃人家的肉菜。如果孩子忍住口水果然没动,就会被主家真诚地夸赞一番,说这孩子如何如何懂事云云。

如此下去,往往到正月十五,客人已经不会再有,才可以真的享用这碗肉,但实际上早已变质,没法再吃了。又舍不得扔掉,于是再过油,重新加

左图是父母和儿女们55年前的合影。

右图是55年后父母和儿女们的合影,时年父亲90周岁,母亲89岁。

工，断无食品安全的考虑。

我懂事的时候，已在新疆兵团，春节的食品全部按计划供应，粮油肉自不必说，即使粉条、豆腐、白糖，也是按人口定量供应，不过那时价钱不贵，大肉每公斤1.52元，牛肉每公斤0.98元，凭条子供应，不能多买。大人给的零钱也不多，买一包小炮，只能零星地放，舍不得一下子放完。至于压岁钱，收的小钱尚能归己，大钱（达到一元的）往往会被家长以代为保管为名哄走。

现在，情况完全不同了，肉食早已不再稀罕，于是老人们说，与过去比，等于天天都在过年。

20世纪60年代：锅灰染色做成的新小褂

我是60年代的人，记忆最深的是过年的时候，娘给我的破棉袄上套上一件新小褂。小褂是娘亲手织的白棉布，并用锅灰染成淡灰色。

一到冬天，娘就开始剪裁，将小褂做好，叠整齐放在箱子里。知道娘是为我做的，我就隔三差五掀开箱子看看，生怕小褂飞走了一般。年来了，娘才舍得让我穿。穿在身上，得意和兴奋都写在了脸上……

◎大河网网友"宛东老农"

年近五十，但谈到过年，我仍然觉得童年的年味儿最值得回忆。腊八粥是过年前的一顿美餐，经常在早上做，咸的，小米、黄豆、干芝麻叶、面条、葱花、姜末什么的，要凑够八样。饭一做好，先盛上一碗，围着家里的果树，强忍快要流下的口水，使劲儿往树上摸，希望来年能多结果子。

在南阳老家，有"二十三儿，豆腐汤儿"的说法，农历二十三是小年，肉是要吃的，虽然买的很少。还要有烧饼和豆腐，加上一些土产的粉条、粉皮，还有海带等，再浇上一点儿醋，一家人围在灶屋，屋内弥漫的浓浓香味儿一直留在记忆里。

二十四，扫房子，里里外外都要打扫，屋顶的蜘蛛网、灰条子，都要一扫而光。虽然又脏又累，但兄弟姊妹争着干，也就不成问题了。火热的家庭大扫除，处处体现出小小的责任，浓浓的亲情。二十五，磨豆腐。这一天，妈妈会买很多豆腐，天热的时候会撒点草灰晾干，或者泡在冷水里保鲜。二十六，去割肉。这一天大家分工详细，杀猪、买肉过大年，我们小孩子会围着杀猪锅要猪尿泡，晾干后做个小鼓，春节期间敲着玩，流涎水的小孩会要个猪尾巴，舔后会治愈，据说很灵的。

二十七，杀灶鸡。一大早，父亲会把前天晚上捉到的大公鸡杀掉，鸡血可以吃，但肉是要等到过年吃的。鸡毛翎可以做毽子，鸡的胃可以做小鼓来

剪窗花　李良贵 摄

用，为过年增添了不少乐趣。

再盼几天，就到了初一。一大早，鞭炮响不停。小孩子们跑了东家跑西家，这就是老家所说的"慌哩拾炮一样"。

童年的年味儿远不止这些，那浓浓的味道，随着岁月的流逝，恐怕只能留在记忆里了。

20世纪70年代：腊相飘香的信阳山村

腊八来了，算是真正进入年味的氛围。作为"70后"，我很想一直沉浸在这个年味之中。

信阳人的年味离不开腊相。老家人过年时常说："家里有腊相，过来吃点儿吧。"腊相就是腌渍的腊鸡、腊鸭、腊肉、腊鱼等。

这些腊相的美味在于材质源于自己家，鸡鸭什么的全是家养，信阳山多水多，鸡子鸭子都是散养吃野食长大，不喂饲料。鸡鸭的生长周期都在三个月以上，在冬天来临之际，宰了之后就腌起来，然后挂在院子里晒上数日。想吃的时候，用开水煮熟，切块就可以了。这些腌制的腊相可以直接放在屋子里保存到来年谷雨时节。

过了腊八后的节点是小年，腊月二十三，基本上从这天开始就有真正的年味了。慢慢接近年底，家家户户准备过年的食材，杀猪磨豆腐。除夕前一天晚上是炸各种丸子，满村都是炸油的香味。到了除夕那天，鞭炮声声，空气里弥漫着火药味，把年味拉到顶峰。

信阳到年底的说法是，二十七洗精气，二十八洗腊叉，二十九洗小手。腊八粥的说法是，吃了腊八粥就把嘴粥住了，不能再骂人啦。

想一想，多么充满乡情的年味啊。快过年了，信阳，游子在思归！

20世纪80年代：都市里巴望老家年味儿

"小孩儿小孩儿你别馋，过了腊八就是年；腊八粥，喝几天，哩哩啦啦二十三；二十三，糖瓜粘；二十四，扫房子；二十五，冻豆腐；二十六，去买肉；二十七，宰公鸡；二十八，把面发；二十九，蒸馒头；三十晚上熬一宿；初一、初二满街走。"这首耳熟能详的儿歌其实就是我小时候过年的写照。

我是1982年生的人，老家在豫西南邓州农村，小时候，老家对过年很重视，基本上一过腊八就进入过年模式。几乎每天都有事情要做，特别是过了小年，放了鞭炮，吃了饺子，是我最期待也最幸福的一段日子，因为每天都可以和大人一起去赶集、买菜、买鱼、买肉，真的是家家都大量采购过年的食品，小孩子可以顺便要点自己想吃的东西，瓜子、花生、锅盔、甘蔗等，这都是平时只能眼巴巴望着的东西。基本上一年之中最好吃的东西都在这几天吃到了：糖包、肉包、油条、麻叶和馅饼等，现在生活好太多了，但想起那个时候的东西，现在都还念着。

大年初一的拜年是最令小孩们期待的，早上六七点钟，天还没有亮，就开始出门去给村里本家的老人、亲戚拜年，并期待地接过压岁钱，虽然都是一块两块，最多十块的零钱，但那个时候很是激动，当然，过后都还得交给父母。

大学毕业在城市落了户，父母也进了城，基本上很少回老家过年了。真的，很想念那个时候的年味啊！

◎大河网网友"红颜周芷若"

作为"80后"，记忆最深刻的就是，刚进入腊月，妈妈就会开始给我准备新衣服，衣服颜色大多都是红色，外套、裤子、毛衣、鞋子，连袜子都要买新的，我每天放学回家，晚上睡觉都要把自己的新衣服拿出来，看一看，摸一摸,就是不舍得穿,大年三十晚上得抱着新衣服睡一整夜,初一睁开眼就赶紧穿上,收到长辈的红包乐滋滋地跑出去数钱!那时候天天盼望过年,回忆起来都是满满的幸福。

从上高中开始,我就对过年要穿新衣这个概念越来越模糊了,妈妈也很少给我买衣服了,都是我自己买,而过年的很多规矩我也都不那么在意了,唯一坚持下来的,就是看春晚。因为从我记事,大年三十就看春晚,一家人在除夕夜整整齐齐地排坐在电视机前,为的就是看这一场让人可以议论一整年的晚会。现在,我还会陪爸妈看春晚。

今年我已经26岁了,大学毕业参加工作好几年了,但是每到大年三十俺爹还是会给我压岁钱,俺爹说:"只要你没结婚,我就会一直给你发压岁钱。"我就跟爹开玩笑说:"那我要是一直不结婚,你是不是一直发下去?"

爹说:"那肯定的,一直发下去。"

现在对"80后"来说,过年总要面临着别人问你:买房了吗?现在做什么工作?找对象了吧?这些问题仿佛紧箍咒一样套在每个"80后"的心间,几乎每一年回到家里总要面对这些问题。其实"80后"最想听到的一个问题是"你过得怎么样,在外面累吗?"

20世纪90年代:年味儿是5个人的春晚

记忆中,我很少在郑州过年,在的次数屈指可数。在我还很小的时候,每年到了年底,就跟着爸妈坐火车回石家庄奶奶家过年。春运期间的火车站真的是热闹非凡,归家心切的人随处可见,大包小包的行李挤满了车厢。那时,对于小小的我过年的记忆就是火车站那一番热闹的景象。

别人家过年的时候总是一大家子人热热闹闹的，可是我们家只有爷爷、奶奶、爸爸、妈妈和我5个人，大家一起看春晚。所以，记忆中，我并不喜欢回奶奶家过年，冷冷清清的哪像过年。春晚是过年的必备项目，可只有5个人完全没有了所谓的年味儿。现在慢慢长大了，也懂得过年就是家人的团聚，不管人多人少，只要有家人的陪伴就是一种幸福。要不怎么有那么一句话：有钱没钱，回家过年呢。

21世纪：压岁钱最好多多益善

◎时一禾口述

经常听爷爷、奶奶和爸爸、妈妈说他们小时候过年的故事，可我咋一直没感觉呢？

好吃的？平时经常吃，过年也一样，虽说稍微丰富了一些，可咱饭量有限，多了也吃不了啊。

新衣服？爸妈和各路亲戚一年能给买N件，说实话，我还真是有点烦，款式颜色不能自己选，还不如折现呢。

好玩的？鞭炮什么的都是小儿科了，而且还污染环境，没兴趣，不过要是作业能少点，游戏可以随便玩就好啦！

总之，现在过年对我来说，跟普通的假期没什么区别。哦，对了，也有区别，就是有压岁钱，这个最好是多多益善，哈哈。

| 我们的价值观 我们的中国年

远去的"三色年"

刘俊杰

"记得少年骑竹马,转眼已是白头翁。"时光如水,眨眼间我已在人世间过了60多个春节了。如今,每月领着企业退休的养老金,衣食无忧,每逢春节,儿女还变着法儿陪我和老伴过年,让我们高兴,但我的心里却总会泛起对"三色年"的回忆……

那是正值三年自然灾害时期的1961年,骨瘦如柴的我都10岁了,却像个四五岁的小孩那样弱不禁风,体重只有30多斤。由于缺吃少穿,我患

家乡记忆　网友供图

上了严重的营养不良症，肚子鼓得老高，胳膊、腿和脖子却细得像麻杆。我做梦都在吃大餐，而家里却只有红薯、红薯干和红薯叶，到了荒春甚至连这些东西也没有了，只能靠挖野菜度日。当时我上小学三年级，一次老师出了作文题"我的理想"，我写的题目是《我的理想——当炊事员》，被同学们嘲笑。而当时的我却认为当炊事员很好啊，至少可以吃饱饭。

这个灾荒年的春节来到了，我家用红薯干换来2斤猪肉和2升米，2升米也就是10斤米，这就是我家置办的全部年货了，猪肉用来包饺子，大米用来过年当天吃和给节日期间来家拜年的亲戚吃。除夕，妈妈就开始忙碌起来，蒸了一天的馍。上午蒸的是玉米面馍和红薯面馍，中午让我和妹妹放开量吃；下午蒸的是白面馍，蒸好后让我们兄妹每人吃一个，剩余的要留着春节待客吃。要知道，馍这种东西，当时可是奢侈品啊，一年到头只有春节才能吃到，平时只有喝稀饭。而这有着黑、白、黄三种颜色的馍，我自然偏爱白馍，却不能多吃。入夜吹灯睡觉后，我依然惦记着那一篮子白馍，就在半夜起来解手时偷吃了一个。

大年初二，有亲戚来我家拜年，妈妈把装馍的篮子取下馏馍，一数就变了脸色，说："14个白馍怎么只剩13个了？"我急中生智，说："昨天我看到有个老鼠爬到篮子上了。"如此一说竟然蒙混过关了。春节的黑、白、黄三色馍被乡亲们戏称为"三色年"，就源自那个年代。

说到老鼠，也真巧，就在那天下午，我听到玉米面缸里有异样的声响，揭开缸盖一看，一只大老鼠正在缸底乱窜，就是出不来，原来我家的面缸很高且很光滑，而贮存的玉米面已很少了，这也预示着荒春的到来。我俯身用火钳"瓮中捉鼠"，很快就把它捉住了。好家伙，足有一斤多重呢。我把这只硕鼠夹死，然后糊上泥巴，就在院里烧一堆火，把老鼠放在火里烧起来，不一会儿，鼠肉的香味就在小院内弥漫开来，我和妹妹把烧干的泥巴掰开，老鼠的皮毛全都粘在泥巴上，露出细白的肉，我俩高兴地吃了起来，好香啊！没有想到，大年初一没有吃到炒肉，现在居然吃到这样香的烤肉。吃到最后，只见内脏里有个大疙瘩，我翻开一看，居然是金黄的熟玉米面，原来老鼠偷吃了玉米面，没有来得及消化就葬身火中，烧成了这样。我要把这块黄疙瘩与小妹妹分享，她却害怕不敢吃，我三两口就把它吃掉了。妹妹毕竟才4岁，还不知道过了春节就是荒春，缸底的这点玉米面吃完后，就该吃红薯干加野菜了，要再吃到金黄的玉米面，就得等到9个月后的秋天呢。

后来我过的许多春节都平淡无奇，哪有那么傻的老鼠让我捉住打牙祭呢。唯有黑、白、黄"三色年"一直伴随着我长大。

改革开放后，"三色年"也渐渐淡出了人们的春节生活，物质的极大丰富使我家餐桌上的色彩也变得五彩缤纷。各种肉类平时就常吃不断，春节更不在话下，倒是要小心体重超重、营养过剩了。屈指算来，我已有20多年没有再吃过黑的红薯面馍和黄的玉米面馍了。前日，我们全家去饭店聚餐，这家饭店别出心裁，推出春节"忆苦饭"系列，有绿宝粥（荠菜粥）、黄金塔（玉米面馍）、黑桃A（红薯面馍），勾起我的思绪，我让儿女们每样点一份来。当我拿起一块红薯面馍，讲述起那些年只能过"三色年"的艰苦日子时，他们的眼里充满了新奇。

过年的乐子

尉 然

据说，人的记忆是有选择性的。有些往事就像天空里飘过的云，随风而逝，过后任你如何搜寻，也难觅踪迹。而有些往事却深深地铭刻在脑海里，怎么也无法抹去。我想，这也许与感情有关。或欢欣愉悦，或痛苦悲伤，打上感情印记的往事总是让人久久不能忘怀。儿时过年的记忆，于我，无疑是愉悦的。因为愉悦，所以常忆常新。

办年货

吃了腊八饭，就把年来办。

父亲把腊八的米饭用筷子挑了一点，抹在院子里枣树的树杈上，然后说，该办年货啦。父亲这么说的时候，脸上的表情总是喜忧参半。喜的是，春节来临，意味着新的一年就要开始了。新的开始，总有新的希冀，也许来年要比今年好吧。忧的是，手头太紧巴了，置办年货的钱从哪儿出呢？

我们那里的集市是在镇上，叫白马驿，逢单不逢双。也就是说，从腊月初九到腊月二十九，每逢单日子，白马驿才逢集，双日子不逢集。从腊八到年三十，扳着手指头满打满算，才有11个集日。而置办年货需要精打细算的，11个集日怎么能够呢？所以，要算好日子，要拿捏好花钱的分寸，

我们的价值观 我们的中国年

快乐的风车　郭朝源 摄

还要赶紧。

每逢集日，无论是大路上还是小路上，赶集的人都走成了绳。走成绳当然是比喻，形容赶集的人多，就像连续不断的一根绳子。赶集的也不只是户主或者当家人，男女老少都有。孩子们赶集自然不是为了办年货，也就是凑个热闹。

父亲提着竹篮子，也去赶集了。

母亲也去赶集了。她是空着两手去的，因为家里只有一个竹篮子。不过，母亲总是有办法把她置办的年货拿回家来，她把戴在头上的毛巾摘下来，兜着回来了。

赶集之前，父母总要在家里合计半天的。四张或者五张一元的纸币，被小心翼翼地折叠成窄窄的一绺，分成两份，一份攥在父亲的手心里，一份攥在母亲的手心里，都攥出汗来了。他们合计的是，这些年货哪些该买，哪些不该买，哪些多买些，哪些少买些。合计来合计去的，两个人就争执起来，有时争执着还会吵起来。吵到后来，父亲总是唉声叹气，母亲总是抹眼泪。原来，置办年货，父母是有分工的。父亲负责购置用的，如香蜡纸炮；母亲负责购置吃的，如油盐酱醋。父亲说，过年嘛，总是要敬敬神仙、祖先的，一年到头都没供奉过他们了，大年夜也冷落他们？母亲说，孩子们一年到头没吃过肉了，大过年的也不让他们开开荤？谁也说服不了谁，因为他们的说法都有道理。没道理的是，钱太少了。争吵归争吵，最后总有一方妥协的，从口袋里摸出几角钱，甚至是几分钱，递到对方手上。

父母总是等到很晚，才能赶集回来。

那时还小，不知道这是为什么。现在想来，除了对那些年货要精挑细选之外，父母可能希望集市将散的时候，年货会降价，他们能买到些便宜货。

眼巴巴等了半天，父母总算回来了。

我和弟弟、妹妹冲向父亲的竹篮子和母亲的毛巾兜。我们总能从父亲的竹篮子里找到花棒槌、陶制口哨之类的玩具，从母亲的毛巾兜里找到烧饼、油条之类的吃食。

父母看着我们争抢，相对而笑，赶集之前争吵带来的怨气也都烟消云散了。他们高兴地讲述着赶集的见闻，而他们最强调的，是他们怎么节省下钱为孩子们买了玩具和吃食，买什么的时候便宜了一毛，买什么的时候又便宜了五分。

腊月二十九是春节前的最后一个集日，称为"狗攒集"。这时候，各家各户的年货差不多办齐了，没有人再愿意赶集了，狗攒集嘛。可是，父亲突然惊叫一声，哎哟，那啥忘了买了！那啥，往往是紧要的，过年必备的，不买不行的。父亲匆匆忙忙赶集去了。回来的时候，父亲哈哈笑着，自我解嘲说，狗攒集，狗攒集，赶集的人还不少哩。

那时候，我们家过年割的猪肉只有二指宽的窄窄的一条；鱼自然也买了，两条鱼加起来也不超过二斤；鸡没有花钱买，我们杀了一只自己养的鸡。它们是最贵重的年货，特意挂在一个钩子上，而那个钩子吊在房屋的檩子上，穿过钩子上方的绳子，倒扣着一个搪瓷碗。

这个看似简易的装置，是用来防止猫偷吃的，名字就叫"气死猫"。

写春联

那时候，春联是买不到的，都是买来红纸，自己写。

在我们村，会写春联的，只有两个人。

一个岁数大了，当时四十多岁吧，听说以前在外面当过干部，后来划成了"右派"，才回到村子里的。他个子很高，瘦，走起路来晃晃荡荡的，像行走的一根电线杆子。在干农活方面，他的确不怎么样，手不能提肩不能扛，但写写画画的，却是个行家里手。写春联，当然更不在话下了。他为人谦和，甚至有些过于拘谨了，路上遇见人，他总是先陪着笑脸打招呼，谦恭地让到路边，等人家走过去了，他再走。即使遇上像我这样的孩子，他也小心翼翼地陪着笑脸。

另一个只有二十来岁的样子，黑红脸膛，身体健壮，走路咚咚响，是村里的干部。他平时看上去总是非常傲慢，别人跟他打招呼，他只是从鼻孔里含混地"嗯"一声。春联他会写是会写，按村里人的说法，就是没有"右派"写得齐整。齐整，就是好的意思。

腊月二十九一大早，"右派"和年轻人都备好了笔墨，在家候着。

至今我还感到奇怪，那一天，两个人的精神状态发生了奇妙的改变。

"右派"和年轻人家里都挺热闹，求写春联的人络绎不绝。但不同的是，"右派"忙着写春联，而年轻人呢，则是忙着裁红纸。他们所用的文房也有区别，年轻人桌子上就一杆毛笔，直接插进墨水瓶子里，要写了，拿出毛笔随意在瓶口抹几下；"右派"却讲究得多，他的毛笔却分大小，有好几杆，依次挂在笔架上，而且"右派"的墨不是现成的瓶装墨水，而是在砚台里研磨出来的。一进"右派"家，就能闻到扑鼻的异香，而年轻人的墨水散发出来的是一股臭味。

我跟在父亲身后，先来到"右派"家。

父亲客气地跟"右派"打着招呼，"右派"却连眼皮也没抬，撂给我父亲一句硬邦邦的话，先自己裁好纸。把一张红纸裁成春联纸，其实是不容易的，不仅要裁出贴在两边门框上的上下联，门头上的横批，还要剪裁出贴在门心上的长方形斗方。村里许多人都不会裁红纸，包括我父亲在内。父亲很尴尬，脸上几乎挂不住。从"右派"家里出来，父亲嘀咕了一句，一个"右派"，神气个啥！走，上你二叔家去（二叔就是那个年轻的村干部）。

我以为父亲要让二叔写春联了，没想到走到二叔家的院门外，父亲站住了，嘱咐我说，一会儿你二叔给咱剪裁好春联纸，你偷偷拿走，在门外等着我。

我问，不是让二叔写春联吗？

父亲说，就他那字，跟鸡挠的一样，咱丢不起那人。

意思是，过完年家里要来走亲戚的客人，免不了要对家里的春联评头论足的，父亲是嫌二叔的字写得不好，在客人面前拿不出手。

二叔对每一个前来求写春联的人都很客气热情，又是敬烟又是让茶的，对我们父子当然也不例外，我还吃到了他们家的花生和糖果哩。可是，等二叔把我们家的春联纸裁好，父亲马上就给我使了一个眼色。我目标小，在大人的腿缝里三钻两钻的，很快就把春联纸悄悄拿了出来。

等父亲从二叔家出来，我们父子再拿上春联纸，到"右派"家里去。

"右派"照例还是低着头写春联，眼也不抬，显示出骨子里的骄傲和自满。父亲小心地把裁好的红纸搁在"右派"的面前，一弓身说："三叔，劳驾。"我们村子小，又都是同姓，或远或近的都是本家。就像我喊那个年轻的村干部二叔一样，我应该喊这个"右派"三爷的。三爷没有理我父亲，把眼睛翻到房梁上想要写的词儿，想好了，抡起手里的毛笔在红纸一挥而就。

我和父亲拎着墨迹未干的春联出来。父亲脸上乐开了花儿，他对我说，瞅瞅，你三爷的字写得就是齐整。

腊月二十九一整天，加上年三十的上午，村子里最热闹的地方就是三爷家和二叔家了。小孩子爱热闹，我总是在三爷和二叔家串来串去的。我发现，渐渐的，由两个人写春联，变成一个人在写了。三爷不停地写，而二叔那杆插在墨汁瓶子里的毛笔基本上派不上用场了。二叔呢，专门为村里人裁红纸。村里人先把买来的红纸送到二叔家，等二叔裁好了，然后再拿到三爷家请三爷去写。这样做当然有些瞧不上二叔的意思，所以一开始村里人还遮遮掩掩的，后来就习惯了，心照不宣了。连二叔自己也不再遮掩了，他在把裁好的红纸递到别人手上的时候，还特意叮嘱上一句，去吧，让三叔写，我们俩的字，一个天上，一个地上。

年三十晌午，村子里贴满了红红火火的春联，特别喜兴。

过完春节，作为"右派"的三爷又变得谦恭起来，而作为村干部的二叔照例傲慢着。写春联让三爷找回了自己的尊严，从这个意义上说，春节，其实是三爷一个人的节日。

赛鞭炮

过去，在我们那一带，后寨和李老庄的鞭炮最有名。他们做出的鞭炮，个头匀称，磁实，炸出的声音响亮、干脆。

文明河南　暖暖新年

喜悦　程专艺　摄

一过了腊八，白马驿街上就摆满了卖鞭炮的摊子。

那时候兴试炮。喂，你的鞭炮响不响啊？废什么话，响不响一试不就知道了。拿出一个散炮，点燃了，砰——！惊得一街办年货的人都扭回头看。相互打听，乖乖，真脆生。这是哪家的炮？后寨的。怪不得呢。

摊位前呼啦就围满了人。

突然的，街的那一头也响起了鞭炮声。这回不是散炮了，而是一小挂鞭炮，噼哩啪啦响成了一片。这是哪家的？李老庄的。走，瞧瞧去。

这家的摊位前也围满了人。

就这么的，这家响罢那家响。而且越放鞭炮越长，比赛似的，你家放了五百响的，我家就放一千响的。顿时，整个街上充满了硝味儿。

在我们村，家境殷实的人家，买的都是后寨或者李老庄的鞭炮。这两个村庄做出的鞭炮要比其他的价钱上贵许多。我们家不属于殷实人家，父亲总是胡乱买一挂小的鞭炮，放在竹篮子底部，遮羞似的用其他年货盖上带回家。

我们的价值观 我们的中国年

父亲总是对我们这些孩子说，听个响就中了，鞭炮不能吃又不能喝的，买那么大的有啥用啊？其实，我们也知道因为家里穷才买不起，但碍于父亲的面子，我们没有揭穿他。

那时候我们那里也有守岁的习俗，一家人围着一桌子饭菜，边喝酒边聊天，时辰一到，就煮饺子放鞭炮。但那时普遍不富裕，所谓的殷实人家也是相对而言的，也富不到哪里去，整出一桌子的饭菜也是困难的。形势所迫，守岁的习俗也就简化了，腊月三十晚上天一黑倒头就睡。只是讲究个起床的早晚，比赛着早起床，也是讨个彩头的意思。谁家半夜起来的，谁家五更起来，这从鞭炮响起的方向上就能判断出来。

鞭炮一响，我们这些孩子就在床上躺不下去了。

让我们感到纳闷的是，在那么响亮的鞭炮声中，父亲却还能酣睡不醒。现在想来，父亲的酣睡也许是装出来的，他不是不想早起，不是不想讨彩头，而是我们家的鞭炮小得实在是拿不出手，不敢跟别人家比。我们不敢吵醒父亲，只有小声央求母亲。母亲严厉地说，小心你爹拿鞋底子打烂你们的屁股！于是，我们在母亲的默许下，在黑暗中悄悄起床，溜出去捡炮。

即使是后寨和李老庄做出的鞭炮，也会偶尔出现炸不响的臭炮。只要比例不超过一定的数目，似乎是被允许的。鞭炮燃放完以后，大人往往望着一地的纸屑，夸奖道，这炮不赖，没几个臭炮。当然了，如果一挂鞭炮连一个臭炮都没有，那就更能赢得人们的口碑了。那样的鞭炮就会成为一个神奇的传说，从张村传到李村，从年头传到年尾，来年，那家的鞭炮便会成为哄抢的对象。我们小孩子却希望臭炮越多越好，因为那样一来，我们就能捡拾到更多的炮了。

在我们村，有的孩子捡炮可以用奋不顾身来形容。

其中，大嘴就是最奋不顾身的一个。

大嘴总是把自己的棉袄脱下来，顶在脑袋上，钻进正在燃放着的鞭炮底下去捡炮。有一回，他的棉袄上被炮火烧出了一个大窟窿。还有一回，他把一个炮捡到手里以后，那个炮却出其不意响了，结果他的手被炸肿了。不过，我们还是挺佩服大嘴的，因为全村数他捡到的炮最多。

最让人期待的是村西头老常家和村东头老马家的鞭炮。

这两家每年都买大鞭，而且两家像比赛似的，你买一千响的，我也买一千响的，你买两千响的，我也买两千响的。他们两家的大鞭不是在起夜的时候放，起夜的时候他们也放像其他人家一样的小鞭炮，意思意思就行了。大鞭燃放的时间是经过精心选择的，大年初一的上午11点左右。这个时间点，村里走动串门拜年的基本上都结束了，而中午饭还不该吃呢，正是人们空闲的时候。在自家门前挑选一棵最高的树，大鞭被高高地挂在树上。

大鞭在树上挂好以后，却并不急着燃放。干什么呢？

等着来看的人。

看热闹的人陆续到来了。老常家和老马家都在院门外摆上一张小方桌，小方桌上摆着烟和茶水。烟和茶水当然是为来看热闹的人准备的。哪家来的人越多，哪家就越有面子。我发现，父亲也来了。

终于，大鞭燃放起来了。

那时候，我们这一带时兴的是单鞭。虽然单鞭燃放起来没有双鞭热闹，但单鞭的节奏感极强，每一个炮的响声之间留有间隔，有利于让人辨别每一个炮的质量和音色。

砰！砰！砰！

鞭炮在高空中炸响，干脆，嘹亮。

听了这样的炮声，让人在整个一年里，都能透出昂扬的精气神儿。

愿景与心境

尚 攀

母亲在厨房里边做饭边数着日子："快过年了。"

我穿着宽松的睡衣，还没有刷牙洗脸，便笑嘻嘻地捏起盘子里一片牛肉填进嘴里，说："是啊，快过年了。"

在郑州已经生活十几年了，不知从何时起，过年已经变得不再是个特别的日子，它更像是一个漫长而舒适的周末。若不是母亲在过年前的那段时间每天都数着日子，我几乎差点忘了过年这件事。

母亲说："越来越没有年味儿了。"

这是不争的事实，每到过年，城市的街道就会变得冷清，匆忙的行人不见了，道路不堵了，拥挤的公交车也有了座位，门口的小超市关门了，蛋糕房关门了，饭店关门了，几乎能关的都关了。

人都走了，何来年味儿？

记得小时候，那时还没有搬来郑州，我还是一个村子里的无畏少年，一个几乎每天都盼望着过年的孩子，因为过年就意味着吃喝玩乐，意味着可以毫无顾忌地把作业丢在一边，意味着有花不完的压岁钱。

那时，母亲也是天天数着日子过，还有几天冬至，还有几天祭灶，还有几天过年。但那时，她不会说没有年味儿。因为和要好的邻居一起购买年货，以及一群像我这么大的孩子的嬉戏打闹，会让她觉得年味儿无限。

年前买身新衣服是必须的，不只是我们小孩儿，大人们也会买身新衣服，图个吉利。不像现在，都已经过了年了，我还穿着前年的羽绒服，无所谓了，现在谁还在乎这个呢？如果我愿意，我可以随时去买一身新衣服。

一身崭新的衣服，是大年初一那天的必备行头。那天，不用母亲催促就早早地起床，穿上厚厚的冬衣，然后在积攒了太多天的兴奋中把新衣服套在外面。匆忙地和母亲打了招呼，便一溜烟儿地跑了出去，拜年去了。

几个小伙伴早已约好，挨家挨户地拜年。一张笑脸和一句"拜年了"便可以得到不少的糖果和核桃，最后在一个隐蔽的地方，比比谁的糖果和核桃多。看着鼓鼓的口袋，啊，真是太满足了。

从初二开始，就要走亲戚了。我喜欢走亲戚，因为走亲戚就可以得到压岁钱。

憧憬　郭朝源　摄

我用稚嫩的声音给姥姥磕个头，然后说声："姥姥，过年好。"就可以轻松得到一百元大钞。

接着是二姨、三姨、大舅、二舅、三舅，不用磕头，只甜甜地叫一声，然后说声"过年好"，他们每个人就会喜笑颜开地给我五十元大钞。

初三到了爷爷奶奶家，也是一样。

"爷爷奶奶，过年好。"我一边说一边在他们面前跪下磕头，刚抬起头，一百元大钞就到手了。

然后是姑姑和两个叔叔，每人也都会给我五十元大钞。

我那时候就想，挣钱真是太容易了。不过，后来事实证明，小孩子就是小孩子。

总算是有了钱，零食、玩具、鞭炮、课外书、新文具盒、新书包、新作业本和新铅笔……再想想，还有什么？

一个小孩子，还能有什么呢？不就是这点儿愿望。

母亲一边准备午饭一边催促我刷牙洗脸，我嘿嘿笑笑，然后开始"视察"厨房，青菜没多少，瓜子糖果也没有，冰箱里空空如也。

我有些疑惑？往年这个时候，应该已经年货满满了呀？

我问母亲："还不买年货吗？"

母亲心平气和地说："不急，还有三四天呢。"

好吧，母亲不急，我也不急。

于是，我像往常一样，刷牙洗脸、吃饭，然后读书、写字、上网、听歌、看电影……打开电脑，看看手机，关于过年的信息铺天盖地，可谓是年味儿十足，已经二十八了，马上除夕了。但视线一离开那个虚拟世界，时间似乎又回到了某个轻松愉快的周末，丝毫不像快过年的样子。

母亲每年都会问我，今年也不例外："要不要去买新衣服？"

呵护　网友供图

我说:"不急,随时都可以买。"

除夕那天,我和父母吃完饺子以后,他们给爷爷奶奶和姥姥打了电话,拜了年,这就相当于走亲戚了。看,多简单,没有一点过年的样子。

然后我们边打麻将边等着看春晚。虽然电视里的年味儿十足,但我们却没有感到一丝过年的感觉,吃饺子、打麻将、看春晚,还有窗外的鞭炮声,它们只是让一切看起来像是过年的样子而已。

初一,不会再起个大早,而是更乐意睡个懒觉,睡懒觉的机会可不多得。

然后呢?拜年去?不要开玩笑了,给谁拜年啊!住在对门的那家人我还从来没有见过呢。也许见过,只是不知道而已。

所以,还是待在家里看看电视、打打麻将好,等过了初八,这样舒心平静的日子可就没有了。

一直到初八,几乎全是这样的日子。年,就这样过了。

我周围的朋友似乎都有这样的感觉，说过年越来越没有意思，越来越没有年味儿。

他们说，这个世界变了。

仔细想想，其实变的不是这个世界，而是我们的心境。

小时候我们渴望过年，觉得过年有意思，那是因为我们有愿望，零食、玩具、鞭炮、课外书、新文具盒、新书包、新作业本和新铅笔……这些就是我们的愿望，这些愿望只有在过年的时候才可以同时完美地实现。

难道我们现在就没有愿望了吗？

当然不是，我们当然有愿望。我们希望得到好工作、高工资、完美的爱情、别人的认可……只是，这些不是过个年就能实现的。

更可恶的是，过年的时候，你会更清楚地发现，你距离你的这些愿望似乎越来越远。

所以，所谓年味儿，只是我们对现实生活的满意程度。

我们满意时，年味儿十足，浓郁如烈酒。

我们不满意时，年味儿也就荡然无存，淡如空气。

老年景

夏全发

晚上做了一个奇妙的梦,梦境中全是过年的景象。俗话说:"日有所思,夜有所梦。"大概是临近过年的缘故,每日里想的、说的、干的几乎都与过年有关。人老了都有怀旧情结,于是梦里就出现儿时那些老年景的事儿。

进了腊月门,年味儿日渐浓烈起来。先是农历腊月初五,五豆节吃五豆,母亲把绿豆、黑豆、豇豆、黄豆、菜豆之类的"五豆"挑选干净,用清水泡上一夜,第二天早晨起床后,再添加小米用铁锅熬上一锅"五豆粥"。

据说,吃五豆粥的习俗是农人们辛苦一年到头,过年了就要舍得花钱,过一个红火年。俗话说:"吃了五豆就糊涂。"还有一个说法是,"五豆"代表着蝎子、蛇、壁虎、蜈蚣和蟾蜍这些民间盛传的"五毒"害虫。吃"五豆"的意思就是把"五毒"害虫吃掉,安安宁宁地过年。其实,"五毒"中的蛇和蟾蜍是被冤枉的,它们可是吃害虫的能手呢。

五豆节过后三天,就迎来腊八节。"腊七腊八,出门冻煞",到了腊八节,年味就更浓了。母亲早早起来,熬上一锅"腊八粥",让家人吃。我们这些孩子是最喜欢吃"腊八粥"的,因为里面有各种各样的豆子、花生、小米和红枣,吃起来分外香甜可口!

进了腊月门,时间似乎过得特别快,喜庆的节日一个接一个。说话间就到了过小年的日子。小年是中国传统文化中的节日,民间有"官三民四船五"

剪纸 三阳开泰　作者 全景

的说法，官家的小年是腊月二十三，百姓家是腊月二十四，水上人家是腊月二十五。

小年也叫祭灶节，小年夜有祭灶王、扫尘和剪窗花的习俗。有歌谣道："二十三，打发灶爷上了天；二十四，扫房子；二十五，做豆腐；二十六，割下肉；二十七，擦锡器；二十八，沤邋遢；二十九，洗脚手；三十日，门神、对子一起贴！"

我们这些孩子，则更喜欢那首童谣："二十三，祭罢灶，小孩拍手哈哈笑。再过五六天，大年就来到。耍核桃，滴滴点点两声炮。五子登科乒乓响，焰火升得比天高……"

在歌谣声中，母亲和姐姐忙活着蒸年糕、蒸年馍、包饺子，以备祭灶用。

在歌谣声中，父亲把从集上买回来的灶王爷画像和亲自写的"上天言好事，下界保平安"的对子，贴在墙上的供奉处。

在歌谣声中，全家人迎来了小年夜。

到了祭灶王爷的时辰，我和弟弟陪着父亲开始烧香，献贡品。我们老家有"男不拜月,女不祭灶"的习俗,祭灶的事只能由我们父子三人来祭。

母亲和二姐趁着夜色赶紧打扫房子,把老屋的里里外外、旮旮晃晃儿全都清扫得干干净净。心灵手巧的大姐,则忙活着剪窗花。她剪的有动物和花草,自然逢什么属相的年就剪的什么动物多一些。

过了腊月二十三小年,隔一天就是腊月二十五,父亲就带领家人开始做过大年用的豆腐。豆腐坊是在远房姨家临时搭起来的,那几日邻居们都在这里做豆腐,就得一家一家排队。轮到我们家了,父亲把泡好的黄豆,在磨豆浆的石磨上磨成浆。磨豆浆是个辛苦活,父亲干累了,就由两个姐姐轮换着磨。我和弟弟则帮着母亲烧火,等豆浆磨好了,大磨锅也开了。这时就要把豆浆放进磨锅里熬煮。大约一个时辰,豆浆熬成了,在偌大的锅里翻滚着浪花,散发出诱人的香气。母亲趁热舀出一瓢豆浆让我们分享,好香好嫩好美的豆浆呀!

等豆浆稍微冷却,父亲就开始挤豆渣。接着父亲把准备好的卤水放进葫芦瓢里,开始点豆腐。点豆腐可是一个技术活儿,卤水要用得恰到好处,既不能多,也不能少。当父亲把卤水点进沸腾的豆浆中时,只见翻滚的豆浆顿时变成一块块的豆腐花漂浮在大磨锅里。稍许,父母就赶紧压豆腐。父亲把豆腐包袱撑开,母亲就把滚烫的豆腐花连汤带水地往豆腐包里舀。父亲则不停地摇晃着包袱,让浆水流进锅里。接着,父亲就开始挤压着包袱,尽量把浆水挤掉。然后把包袱扎紧,再压上石头。再等一两个时辰,一锅豆腐就算做成了。

母亲和姐姐趁机把剩下的浆水,一桶一桶地抬回家,用来洗衣服。那时候还没有洗衣粉,用浆水洗衣服就是最好的洗涤剂了。

我和弟弟则抢着刮锅底里的豆腐锅巴,豆腐锅巴很香,也很有嚼头,一些小伙伴们也来凑热闹。那时候,还没有现在这么丰富的小食品可吃,豆腐锅巴也许就是那个时代最美味的儿童食品吧！

父亲这时候就会用豆渣与黑豆粉捏成窝窝，蒸熟后放进一个斗笠桶中，让它发酵，正月里把发酵的豆渣窝窝切成片，和着萝卜片腌制，就做成了一道美食。

"二十六，割下肉"，那时候，不管家里多么清贫，母亲都要养一头猪。等到腊月二十六，父亲就请来屠夫杀猪。屠夫姓傅，我们都管他叫姐夫，他会带着杀猪用的刀子、通条之类的，还会带上他老婆当帮手，我们管她叫姐姐。杀猪得先逮猪，老傅一边假装慈悲地"啦——啦——啦"地叫着，一边凶猛地扑过去，就把猪逮住了。几个围观的邻居帮着屠夫把挣扎的猪摁在案板上，再把四蹄捆绑起来。老傅麻利地一刀捅进猪的脖子，猪就喷涌着鲜血慢慢死去。接着老傅用通条把猪浑身捅遍，开始吹气，把整个猪吹得圆鼓鼓的。

这时候，大铁锅里的水已经烧开了，老傅和他老婆就把猪放进开水锅里烫毛。烫得差不多了，老傅开始用刮子刮猪毛。一会儿的功夫，圆鼓鼓的肥猪被刮得干干净净。然后，老傅开膛破肚，把猪下水取出来。他老婆就忙着洗猪下水。等老傅夫妇干完活儿，临走的时候父亲便割上二斤肉让他们带上，算是杀猪的报酬。

在一天天繁忙的日子里，迎来了孩子们最期盼的大年三十。大清早起来，母亲和姐姐就开始剁饺子馅。刚杀的猪肉肥肥鲜鲜的，掺和着白萝卜，或者白白胖胖的藕瓜儿，令人垂涎欲滴。傍晚时分，母亲和姐姐开始包饺子。我和弟弟则帮着父亲用柏枝和芝麻秆儿搭起高高的焰火堆儿，以备午夜时点焰火。

父亲的书法是远近闻名的，白天帮着村人们写对联，之后留下够自家用的。搭完焰火后，便开始忙活着贴对联。

除夕吃罢守岁的年饺子后，一家人开始守年夜。母亲则把全家人穿的新衣服和新鞋帽，全都找好，分发给大家。这时已近午夜，我和弟弟实在熬不住了，就先睡下，等着子时起来放鞭炮，点焰火，穿新衣……过大年！

不知谁家的鞭炮先噼里啪啦响起来，父亲赶紧叫我们起来放鞭炮，点焰火。那时的鞭炮大多是三五百响的，通常会几挂接起来燃放。柏枝油性大，用芝麻秆儿做引火，火苗儿呼呼地往上蹿，把整个院子和天空都映红了。放鞭炮，观焰火，伴随着我们兄弟姐妹高高兴兴度过年夜。

因为父亲在我们这个家族排行老大，天刚蒙蒙亮，族人们就来我们家拜年了。大人们嘻嘻哈哈地作揖祝贺，晚辈们则跪拜磕头。父亲和母亲把准备好的压岁钱，挨个儿发给孩子们。随后我们姊妹四人就跟着大家出门，到几个叔叔家拜年去了。

大年初一，大家一整天都是在喜庆欢乐的气氛中度过的。

过大年是要在浓浓的文化氛围中度过的。那时候，我们村的花鼓是遐迩闻名的。从大年初一开始，村人们就收拾锣鼓家伙，准备正月十五闹红火。还有的准备踩高跷，装旱船，闹社火。

很快，元宵节就来到了。白天，花鼓队、高跷队、旱船队……闹社火的队伍来到街头巷尾，就闹活起来了，吸引着村人来看热闹。

晚上，村里还放土烟火。我们这些孩子，就做土灯笼玩耍。把一节节的胡萝卜上，插上"笾笾柴"，再用棉花絮子缠上，沾上棉油，外面罩上纸糊的灯笼点着，或放在大门口，或放在院子里，或放在角角落落里，宛若璀璨的夜明珠一般。

伴随着信息化时代的到来，老年味儿渐行渐远，老年景儿已成为宝贵的非物质文化遗存，但愿它永远留存在人们的记忆和时代的文化宝库之中。

| 我们的价值观　我们的中国年

大红灯笼高高挂　刘肖坤 摄

走在国际化路途上的中国春节

夏挽群

一

在现代，每年春节向我们发出的最强烈、最立体的信号是春运，或者说中国现代春节就是因春运而震撼开场的，它是中国人春节情怀的第一轮集体迸发。马年春节的春运，持续40天，36.23亿人次的"全球最大人口迁徙"，形成了视觉壮观的奇景。1万个航班、5,000列火车、无数辆汽车不停地运转，虽然中国铁路、公路和航空正以极快的速度发展，中国政府把解决春运当作解决问题的努力已达到极致，但终究跟不上返乡人口增加的速度，飞机延误、火车一票难求、售票网络崩盘……但任何理由也阻挡不住中国人回家过年的脚步。

人们抱怨着、愤怒着，开始了欢喜与痛苦交织的漫长旅程。其实中国人在这个特定时刻的强烈诉求是十分朴素的："我必须回家过年，不管有多么困难。"我们从这种坚韧不拔的毅力中领悟着春节之于中国人独一无二的意义。而其他国家没有中国这样的历史和现实，他们很难读懂中国春运，所以，他们年复一年地围观着，并且困惑着。

中国现代春节的第二个宏大的景观是春晚。这个由传统春节"除夕守岁"传承和演变而来的新的年俗，与春运一样规模庞大，令人震撼：7.5亿人在同一时间，观看同一台节目。面对着这个世界最大的舞台，面对一大批一流艺术家长达半年的反复论证，长达半年的精心编排而形成的一台晚会，大多数人也许并不买账。春晚的第一个初衷是要照顾"大多数的人"，照顾而又照顾不好多得不能再多的层次和意见，这个悖论是对春晚的巨大挑战，也是它的真正魅力所在。人们恣意地欣赏着、嘲讽着、吐槽着，拿艺术家和中央电视台开涮，但是等到第二年春晚开场，每一个家庭仍旧会分秒不差地坐到电视机前。因为春晚已经成为中国现代春节中一个约定俗成的组成部分。

尽管春晚是传统春节的一个新的形式，它是倒退一个世纪想都想不到的事情，但春节依旧"那么中国"。前一时期，不少专家，包括我自己，强烈呼吁动用国家力量来保卫春节的传统，而实际上，对春节最强有力的保护就存在于民间，因为春节的情怀早已融入中国人的文化血液里，世界上不存在吞噬春节的文化力量。外部元素撞上春节，它被"春节化"的程度总是远远大于春节本身的"异化"。比如，电视撞上中国春节，它没能战胜我们的除夕团圆饭，相反，它被春节所俘获，搞出了绝对中国特色的春晚。这是一个嘈杂而又充满活力的年代，我们也遭遇到一个嘈杂而充满活力的春节。

中国现代春节的第三个宏大景观是中国春节文化正以惊人的速度在全世界蔓延。第一层次的问题是，哪里有华人，哪里肯定就有春节。美国的唐人街过春节，英国的华人区也过春节，澳大利亚、南非的偏僻小镇，哪怕只有一户中国人，他们也会过春节。这源自于一种他们对风雨故园的记挂和思念，对种族的永远忠诚。第二个层次的问题是，近年来，春节正走出国门，走出各地华人的家门，具有了越来越多的社会公共性。伦敦市长出席华人春节活动，点亮中国红灯笼。巴黎市长亲自主持在市政府门前举行的春节庆典，为彩龙点睛并在爱丽舍宫举行春节招待会。巴西在春节期间燃放50万发爆竹。比利时人学会买一张"福"字倒着贴。欧洲各国元首纷纷向华人拜年。美国年年都在春节前发行农历生肖邮票。2014年在伦敦举办的春节庆典活动可谓声势浩大，有数以万计的公众云集伦敦市中心，花车游行、舞蹈、舞龙舞狮等各种中国传统元素集中呈现，晚上6点燃放烟花庆祝新年。伦敦市长鲍里斯·约翰逊骄傲地说："伦敦是欧洲庆祝马年最好的地方。"我们甚至把中国春节庙会搬到了赫尔辛基，参加庙会的除中国人之外，更多的是金发碧眼的芬兰人。这里还没有说到东北亚、东南亚汉语文化圈里的中国春节。

中国传统春节在世界蔓延的速度日益加快，规模越来越宏大，我们从中找到了自己对春节文化的自信。由此，我们现在可以发出这样的叩问：春节，这个中国人的传统节日能否成为世界的节日？我认为我们没有理由放弃这种文化理想。第一，我们有庞大的华人群体，在世界范围内广泛推广我们的节日文化；第二，国家的经济和文化力量将有条件创造出对世界具有非凡影响的吸引力；第三，世界范围内的经济全球化带来的文化多样化，使世界对中国文化的态度越来越开放；第四，中国春节所蕴含的"和合为贵"、"以人为本"、"家庭团圆"、"家国情怀"、"和谐共处"等价值观可以为国外各界民众所接受。

二

我们以上所谈的是中国春节文化在现代条件下所形成的新的民俗。有了这些国家层面，乃至世界层面的规模化的新民俗的膨胀和支撑，再加之全国各个不同的地域、各个不同民族千姿百态的传统年俗的集体呈现，千门万户阖家团聚的浓浓深情，寺庙里袅袅不息的香火，庙会上那年复一年的春节文化的集体重温……构成了21世纪中国春节的宏丽画卷，传统而现代，多元而统一，五光十色而又层次分明。

面对这一切，我们不得不向春节发出一个问询：为了什么，你这般地传延不息？

首先，春节作为一种传统文化的力量具有强大的生命力和贯通力。一个起源于天文历法，巩固于信仰祭祀的春节，从三皇五帝传说时代起，已有五千年的历史，即使从汉武帝于公元104年颁布《太初历》，确定正月初一为新年计算，也有2,100年的岁月。它久远而深刻地涵养了几乎所有的中华民族和全体国民，它是如此博大而丰富，装载着我们民族的文明历史、价值观念、人文精神、生命感悟、宗教哲学、族群标示，这些都成为我们中华民族文化身份的胎记。春节在古今所有中国人的心灵深处种植了一颗文化的种子，每年都必萌生出蓬勃的枝丫。

其次，春节是一种纯精神的产物。任何一个民族都需要一种精神，这种精神源自于这个民族对共同遵奉的文化的深切体会，最终以共有的价值观、道德观、伦理观的形式统领着一切，并内化为民俗，渗透到所有人的心灵里，成为民族的血脉和基因。如果说我们需要寻找一种形式来具体承载和传扬这种精神，那么非春节莫属。因为春节是这种精神需要的产物，它因精神的需要而产生，它因精神的需要而绵延赓续，这与物质和金钱几乎无关。那么，在当前，我们国家和民族的精神是什么？或者说国家和民族的价值观是什么？这需要国家来回答。但我知道有一种东西，不能成为国家和民族的价值观，那就是金钱。金钱是一种社会需要，金钱带给人物质的需求，但金钱崇拜也带给我们信仰缺失、道德坍塌，带给人腐朽、贪婪，乃至仇恨，这与春节团结和谐、公平正义、万民同乐的价值诉求格格不入。春节就是我们自己的家、自己的国家、自己的民族，这一切远远超出乡愁和怀旧的含义，它其实是在提示：一个民族渗透在心灵中的传统，一种穿透精神深处的根，神秘得像寓言，抽象得像梦境一样，它们是历史的证据、文化的根脉、情感的归依、精神的家园……

　　再次，在当代，如果我们对传统春节进行理性的审视，就会发现，它已经更多地成为一种民族文化的象征和载体。民族文化通过它传承和延续，民族记忆通过它传递和加强，民族情感通过它凝聚和维系，民族个性通过它锤炼和固化，民族精神通过它培育和弘扬，民族形象通过它壮大和提升。春节使民族传统文化的因子通过各种渠道和形式渗透到每一个人的心灵，彰显到社会的各个角落和领域，使整个民族在一次又一次、一年又一年的中华文化的大洗礼中，牢牢记住我是一个中国人，从而增加民族的向心力和凝聚力。相反，失去了富含文化记忆和传承的春节，也就失去了得以加强和延续民族品性的熔炉和链条。

三

综上所述，我们感到中国春节正日益传统化、日益现代化、日益国际化。第一，对正在经历大规模的现代化和全球化过程的中国人来说，传统价值观在某些方面正变得越来越受欢迎。尽管在大城市很多年轻人庆祝西方的圣诞节，但春节依然保持着最重要的地位，甚至散发出更多传统色彩。中国各地恢复的春节传统仪式越来越多，在春节的一些传统因素逐渐丢失的过程中，其他一些因素却被中国社会重新拾起。一些受过良好教育的年轻人也乐于参与家庭举行的祭拜活动。第二，春节形式的创新大多与现代的科技进步密切相关，电视、微信、微博，传统和创新以令人吃惊的方式结合在一起。与此同时，春节也变得越来越国际化，2013年在全世界103个国家和地区的294个城市举行了3,500多场春节庆祝活动。

其实，春节从古至今都是一个自然流淌和演化的过程，它从来都是与时俱进的，从来没有凝固在某一个历史节点而僵死和固化。那么，我们在这样的情势下，能够做些什么？我们要做的就是推动中国春节传统化、现代化和国际化的进程。

第一，我们面对中国猛烈的社会转型，原有的精神文明架构下的传统文化部分消亡，乃势所必然。在这个关键的时刻，我们既要善于创新，也要善于保留，我们应当尽可能多地保留一些与当代社会相适应的传统春节的仪式和元素，使现代春节与传统春节的文化内蕴、文化形式、文化习俗、价值理念更好地融会贯通，从而使我们的春节更具有历史感、神圣感，使我们的春节更具有文化感和民族情感。

第二，为此，我们应当在全国东西南北中不同地域、不同民族中保留几个具有本真性的原生文化特征的传统春节的代表性传承基地，从而为数千年的春节留下几个种源。

因为实现对春节文化的整体保护与活态保护是不现实的，事实上，面对全球化、现代化、城市化的浪潮，我们几乎没有能力把所有的非物质文化遗产都统统地守护着，但我们起码应当做到，而且必须做到的是将其中的文化经典保护下来。能否将这些经典保护下来，是对我们这一代人对中华传统文化的认识能力、继承能力、传承能力的考验。

对春节这种人类文化遗产的保护最为重要、最为有效、最为关键的，就是保护住若干个春节文化的代表性传承基地，使不同类型、不同文化特质、千姿百态的春节习俗以活态的方式本真地得以延续和传承。通过这种样板的作用，使我们和我们的子孙后代可以永久地去探查经历了数千年沧桑的中国春节文化的永恒魅力。

第三，推动中国春节向联合国申遗，是中国春节文化面临的又一个重要而紧迫的任务。一个走过遥远的历史纵深的、涵盖和影响了巨大族群和人口的、文化内蕴无限饱满和深刻的、而今正在走向国际和世界的中国传统春节，不申报世界文化遗产是无法理解的。

总而言之，春节既像是我们这个民族永远的归宿，又像是在每个人艰苦奋斗历程中准时出现的驿站，抚慰着、鼓励着每一个人的心灵，确定着每一个人的文化身份，校正着我们观察这个民族、观察世界的视距，凝聚着我们的文化情感和民族情感，她是我们永远的精神家园。

这就像是我们的宿命，我们不会因为走得远了就不再回家，也不会因为回家了就不再远行，个人是这样，我们这个具有五千年文明历史的国家注定也会这样。